순천문학회 40주년 기념 작품집

순천을 채색하다

순천을 채색하다

초판 1쇄 인쇄 | 2023년 10월 20일
지은이 | 순천문학회(김영숙 박광영)
펴낸이 | 이재욱(필명:이승훈)
펴낸곳 | 해드림출판사
주 소 | 서울 영등포구 경인로82길 3-4(문래동1가 39)
센터플러스빌딩 1004호(07371)
전 화 | 02-2612-5552
팩 스 | 02-2688-5568
E-mail | jlee5059@hanmail.net

등록번호 제2013-000076
등록일자 2008년 9월 29일

ISBN 979-11-5634-561-9

순천문학회 40주년 기념 작품집

순천을 채색하다

순천문학회

해드림출판사

펴내는 글

순천의 색깔을 담다

2023년 40주년을 맞이한 [순천문학회](고문: 허영만, 김수자. 회장: 김영숙)는, 순천만 개펄바다를 비롯하여 송광사, 선암사, 순천만 습지, 순천만 국가정원, 낙안읍성, 와온해변 등을 지닌 생태도시 순천을 문학의 터전으로 살아온 순천 거주 문인이거나 순천이 고향인 문인들이 구성원이다. 한국문인협회 순천지부와는 또 다른 문학단체이다.

'순천문학회'에서 계간으로 발행하는 [순천문학]은 올가을 조촐한 40주년 행사 때를 맞춰 통권 제150호로 발행된다. 창립 초기 다소 안정적이지 못한 시기를 제외하고는 거의 결호 없이 발행해온 셈이다.

한편, 2003년 회원들이 쌈짓돈을 털어 제1회 순천문학상을 제정함으로써 순천 출신 문인이나 순천과 인연이 있는 문인들에게 '순천문학상'을 시상해 온다.

외부 후원 없이 회원들이 십시일반 마련하는 상금이라 지극히 약소함에도 지금까지 김승옥, 조정래, 서정인, 한승원, 서정춘, 허형만, 송수권, 임보, 김영재 시인을 비롯하여 윤형두, 김규화, 김길나, 허의령, 정조, 김수자, 양동식 등 한국의 기라성같은 문인들이 수상하였다.

이번 책 [순천을 채색하다]는 순천문학회 40주년을 기념하여, 회원들이 순천을 소재로 한 작품을 모았다. 순천 명소뿐만 아니라 회원들 고향에서 찾은 소소한 소재들도 있다. 따라서 순천에서 호흡하며 순천 구석구석을 바라본 시인들과 수필가들이 순천의 색깔을 그려낸 작품집인 것이다.

2023년 10월

목차

[특별 초대석]

민 혜

다시 찾은 순천

민 혜

순천 땅을 처음 밟은 건 벚꽃이 팝콘처럼 터지던 봄날이었다. 어쩌면 매화 향이 그윽하던 봄이었을까. 아니면 노란 꽃술뭉치 같은 산수유가 만개했던 봄이었을까. 지금 내 머릿속에선 개화 시기가 조금씩 다른 그 엄청났던 봄꽃의 무리들이 함께 뒤범벅 되어 부유하고 있다. 하여 봄은 봄이되 이른 봄이었는지 늦은 봄이었는지는 혼미할 뿐이다. 아무튼 그만큼 자주 내려갔었다는 말이고 봄, 봄, 봄날이었음엔 틀림이 없다는 얘기다.

서울 토박이로 자란 내가 전라남도 순천엘 자주 가게 된 것은 순전히 한 사람과의 귀한 인연 덕분이었다. 삼십 중반 무렵에 덕스러운 미모의 O가 우리 동네로 이사를 왔다. 시작은 이웃 주민으로 만났지만 그녀가 가톨릭에 입교하는 과정에 내가 대모를 서게 돼 우리는 대모와 대녀 사이로 발전했다. 하지만 몇 년 뒤 그녀의 가족은 시댁이 있는 순천으로 내려가게 되었다. 1년 뒤, 대녀는 나를 순천으로 초대했고 그 후 거의 매년 순천 부근의 풍광을 즐기며 남도의 별미를 맛보는 기쁨을 누릴 수 있게 되었다. 그 인연이 지금껏 이어지고 있다.

지방마다 나름의 특색과 문화가 있을 것이나 국내 여행을 할 때 나는 자연 풍광에 비중을 두는 편이다. 그다음이 음식이고 사람(인심)인데, 이 두 가지는 둘이 한 몸인 것처럼 순위를 매기기가 힘들다.

나를 처음 맞았던 순천의 봄이 이른 봄이었는지 늦은 봄이었는지 불분명한 것처럼 순천을 떠올릴 때면 내 기억 속의 풍경들은 마구 뒤섞여 서로 먼저 튀어나오려고 아우성을 친다. 섬진강, 낙안읍성, 순천만, 선암사, 송광사, 주암댐, 웃장, 아랫장…. 그 풍광들은 봄이었다가 가을이었다가 여름이었다가 겨울로 변하면서 거대한 추상화로 혼합되기도 한다. 그럴 만도 한 것이 수십 년간 자주 찾다 보니 곳곳마다 사계의 느낌들이 다 들어 있는 것이다.

발길 닿았던 어딘들 아름답지 않았을까만 섬진강의 첫인상을 잊을 수 없다. 강폭 너른 한강만 보고 자라선가 처음엔 섬진강이 큰 개천 정도로 다가왔다. 파리의 센강을 보고 느꼈던 실망만큼이나 싱거웠다. 서울에서만 평생을 살아온 내겐 유장하게 흐르는 한강이 모든 강의 기준이 되었기에 그랬을 것이다. 그러나 소박한 듯 굽이굽이 흐르는 섬진강은 차가 달릴수록 느낌을 달리하며 나를 매혹하기 시작했다.

훗날 읽은 김용택의 〈섬진강 이야기〉에서 시인은 그 강을 '어디로 흐르다가 이제는 끝인갑다 싶으면 살짝 수줍은 듯 고운 몸을 드러내는 산골색시 같은 강'이라고 묘사했는데, 섬진강은 과연 물길이 좁아지는 듯싶다가 굽이 흐르며 강폭이 넓어지기도 하는 게 눈을 뗄 수 없게 만들었다. 은비늘을 반짝이며 흘러가는 물결과 하얗게 빛나는 모래톱과 바람결 따라 머리채를 흔들며 군무를 연출하는 강변 대나무들에 연신 감동을 금치 못하며 나는 그 강의 발원지부터 달려보고 싶다는 충동이 솟구쳤다. 이렇게나 수려한 섬진강을 이제야 만났다니! 섬진강은 전라남북도와 경상남도 세 개의 도와 열두 개의 군을 거쳐 흐른다고 하는데, 과연 강은 그와 함께 삶을 일궈왔던 민초들의 애환을 물결에 싣고 조잘조잘 흘러가고 있었다. 그러다가 하동에 이르러 너르게 확산되는 강폭은 내 입에서 아! 하는 외마디가 절로 터져 나오게 만들었다.

첫사랑 격인 섬진강의 수려함이 첫눈에 나를 사로잡았다면, 늦가을의 선암사에서 누린 저녁 풍경의 감동은 지금껏 여운 길게 가슴에 남아 있다. 얼마나 인상 깊었던지 문우들에게 만추의 저녁 무렵 선암사를 꼭 가보라고 열 번도 더 넘게 '강추'를 했다. 순천 인근의 유서 깊은 사찰이라면 송광사를 빼놓아선 아니 될 것이다. 또한 송광사와 선암사를 놓고 어디가 더 좋으냐고 묻는다면 우문이자 결례가 될 테다. 그럼에도 선암사를 꼽았던 건 특별

한 인연이었기에 그렇다고 밖에는 달리 말할 수 없을 것 같다.

삼십여 년 전의 늦가을인 11월 초 저녁 무렵. 우리는 선암사 뜨락을 걷고 있었다. 함께 내려온 우리 부부와 대녀 부부 넷이서 그날의 일정을 마치고 집으로 가는 길에 마지막 코스로 선암사를 찾은 거였다. 늦가을 저녁 해는 이미 기울고, 절반도 더 넘게 잎이 진 은행나무에선 노란 잎들이 난분분히 춤을 추며 마지막 잎새들을 떨구고 있었다. 붐비던 관광객들은 어둠이 내리기 전 서둘러 빠져나가 경내에 남은 사람은 우리들뿐이었다.

이윽고 스님들의 저녁 예불과 함께 목어를 두드리고 타종을 하는 의식이 시작되었다. 우리는 그 곁에 묵묵히 선채 종소리에 빨려들었다. 그 소리는 분명 내 육신을 울리고 영혼을 울리고 동시에 천지를 울리며 하늘로 퍼져나가는 듯했다. 내 존재 또한 종소리에 합류되어 우주 어디에론가로 증발하며 서서히 비상하는 것 같은 느낌이 들었다. 숨소리를 죽이고 나는 오직 그 음향에만 온 정신을 집중했다. 마침내 타종이 멈추었을 때 사위는 먹빛이었고 하늘엔 새싹 같은 별들이 돋아 있었다. 그 몰아(沒我)의 순간이 안긴 여운을 길게 간직하기 위해 나는 주차장으로 가는 캄캄한 길을 일행들과 거리를 두고 천천히 걸어갔다.

금년 5월, 다시 순천을 찾았다. 동행이 늘어나는 바람에 내가 원하는 곳만을 찾아가진 못했으나 이번에도 선암사는 빼놓지 않았다. 푸른 숲을 배경으로 서 있는 승선교를 거닐고 경내도 둘러보았지만 석탄일 즈음이라 인파가 많아 돌아오는 늦가을을 기약하며 발길을 돌려야 했다. 올가을엔 선암사 앞 전통 야생차 체험관에서 묶어볼 계획으로 차 판매소에 들러 숙박 절차를 알아두었다. 차를 판매하는 여성은 다향처럼 은은하고 고운 인상이었다. 나는 그녀에게 가을에 다시 오겠다고 하였다.

여름 지나고 가을이 짙어지면 삼십여 년 전 그날 저녁 선암사에서 느꼈던 감회를 다시 누리려 선암사를 찾을 계획이다. 야생차 체험관에 묶으며 고즈넉한 산사의 밤을 만끽해 볼 것이다. 어둠 내리는 산사에서 검푸른 천공을 올려다보며, 고개가 아프도록 별들을 바라보며….

민혜

- 2013년 목포문학상 수필 본상 수상.
- 2020년 해드림출판사 기획수필집 공모 당선
- 2021년 한국문화예술위 문학나눔 선정
- 2022년 한국문화예술위 아르코문학창작기금 발표지원 선정

- 저서: 수필집 『장미와 미꾸라지』 『떠난 그대 서랍을 열고』 『어머니의 불』, 장편소설 『레테의 사람들』, 실용서 『글쓰기, 당신의 초능력 잠금 해제』 등

[시]

강 민　박광영
김광현　서정옥
김영숙　안천덕
김행심　장윤호
김현숙　전종주
남기원　조병훈
남길순　최서연
박미경　허 승

우화각 기둥 외 4편

강민

살아서 백 년도 만만치 않거늘
멀쩡한 사지 육신 타고난 죗값으로
쇳덩이에 잘려
온몸 짓누르는 무게 이고 진
수백 년 세월

우화각 건너갈 중생의 소원 위해
밤낮을 버티고 서 있는
너의 한숨에 걸린 못다 한 사연

돌다리 밑 동전 한 냥에
대롱대롱 걸려있다

- 송광사

가천산방에서

곡우 다다르면
고사리손도 아쉬운 다원에서
인연되어 만나는 손길 모여
여린 잎새 가득 품은 진한 향 내음
먼 곳 지키고 서 있는 누구라도
서로 나누고 싶어
가마솥이 땀 쏟는다
찻잎이 익어간다

그윽한 차 한 잔의 의미
너와 나의
짜릿한 만남의 통로

사람이 익어간다

- 순천 가천산방

불두화

한마음 한뜻 이루기가 어디 쉬운 일이던가
떨쳐내고 버리고 내려놓아야 할 것들이
꼬리에 꼬리를 물고 징검다리 건너
쉼 없이 따라오는데
고개를 돌린다 한들 고놈의 맘이
그리 쉬이 물러서던가

번뇌가 떨어져 내리는 불일폭포에
망상은 남 일이려니 내팽개쳐 두고
고즈넉한 일주문 아래로
흘러가는 봄물로 머리 감는
불두화 따라서
내 마음 가만히 따라가 보련다

눈감으면 보이던 마음이
눈 뜨면 자꾸만 아련해진다
눈감을 수 없는 세상에서

어이 만날 거나 내 마음을

이왕에 소풍 나온 세상
5월 흐드러진 꽃구경이나 실컷 하자꾸나

이토록 행복한 기분인 것을
뭐 하러 애써 마음 찾으려 했을까나
세상살이 굳이 보일 둥 말 둥 한 맘 붙들고
바둥댈 이유 참으로 실없더라

5월의 내 마음아
마냥 불두화로 피어나거라

- 송광사

달동네의 기도

마음속까지 녹슬어 버린
가난한 사람들의 양철지붕 위로
쏟아지던 석양의 은총마저
서녘 바람에 차갑게 식어가는
달동네의 시계

밤이 되면 다시금 찾아올 내일
조금 더 따뜻할 수 있기 바라여
뱃속까지 웅크린 채
서로의 등에 기대어
이룰 수 없는 기도의 제목 찾아
기쁜 악몽을 꾼다

비스듬히 주저앉은 담벼락 철조망은
무슨 소원 지키려
시뻘건 눈 여기저기에 걸었을까

저 건너 아파트 불빛
검은 속살 찢는
무심한 휘파람 흘린다

– 드라마세트장

광풍각 툇마루에 앉아서

홀로인 나에게로 유배되어
꽃망울에 달려든 어리석음
홀린 듯 꽃향기 좇아가나니
눈 가는 곳 하염없다

광풍각 툇마루에 홀로 앉아
눈감은 귓전 적시는
흘러가는 물소리와
퍼져가는 음악 소리에
호흡 더욱 깊어져
부질없는 얽매임도
절로 떠나가는데

조만간 초록이 찾아들면
이내 벌렁 가슴
이제 어쩔 거나

- 순천만국가정원

강민

- 한국외국어대 대학원 행정학 석사
- <순천문학> 신인상(2021년)

순천만에서 외 2편

김광현

아아
날이 저문다

고요한
순천만 갯벌 위에
노을이 진다

황금빛 갯벌에
내려앉은 하늘

거차포구
긴 방파제에도
쇠리의 작은 주막집에도
노을이 앉았다

아아
춤을 춘다

분홍빛 노을이
갈대와 함께 춤을 춘다

철새의
외로운 날개에
출렁이는 황금물결

아
춤을 춘다
순천만이 춤을 춘다

순천만으로 가라

아지랑이 발길 따라
봄바람에 가슴 일렁이거든

생명이 움트는
순천만으로 가라

파아란 갈대 기지개 펴고
때늦은 철새가
못다 한 사랑에 눈물 뿌리는
순천만으로 가라

잠 깨어 일어나는 짱뚱어
칠게의 바쁜 걸음걸음마다
세상의 아픈 기억
속절없이 무너지는
순천만으로 가라

뻘배를 미는 아낙의
젖은 노랫가락에
아린 네 삶의 흔적
도드라질 때면

상처를 닦아낼
손수건 하나 챙겨들고
순천만으로 가라

순천만 그리고

밤을 다하여
머나먼 길 달려온 까닭 무엇인가

온몸 다하여
멀고먼 반도의 끝
이곳까지 찾아온
까닭은 무엇인가

보라
저 잿빛 광활한 갯벌
금빛 물든 석양
창공을 나는 철새를

보라
무수한 갈대와 가슴 맞대고
옹기종기 모여 앉아
정을 나누는 생명들을

아침이면 눈부신 태양 떠오르고
저녁이면 황금빛 하루가 익는 곳

어깨동무한 산들
갯벌을 밟고 선 갈대

어여뻐라 황금빛 갯벌
아름다워라 장엄한 평화
아 순천만

김광현

- 김광현은 전라남도 순천의 농촌마을에서 태어나 유년 시절을 보내고 순천대학교 대학원에서 현대문학을 공부하였다.
- 2001년 월간문학공간에 조약돌 외 4편의 시로 신인상을 수상하여 문단에 나와 개인시집 『새벽편지』, 『노을』, 『조약돌처럼』, 『순천만 그리고…』, 산문집 『어머니의 새벽』을 발표하였고, 『임학수 시 연구』 등 5편의 논문이 있다.

- 현재는 한국문인협회 회원, 한국공간시인협회 회원, 순천문협 회원, 전 순천문학 회장으로 활동하고 있으며 순천시청에서 공무원으로 퇴임하였다.

갈밭에서 불꽃놀이를 하다 외 9편

김영숙

허우적대다 빠져드는 모래 구멍이다
한 발 두 발 내디딜수록 빨려드는 그 어디쯤 블랙홀,

갈대의 입가에 엉큼한 숨소리 도드라지는 들큼한 밤
이다 바람의 속삭임 흰 달빛에 윤슬처럼 출렁이고 탱
탱한 뻘 둔덕을 잠 못 드는 농게 몇 마리, 갈지자 걸음
으로 흘끔거린다 속 다 비운 채 눈치 없이 흘리는 갈대
의 신음 소리 간헐천처럼 솟아 펑펑 터지는 불꽃놀이에 앞산
그림자 몇 마 끊어다 가려주고 싶은
갈밭에서 아, 우리

하나 되어 얽히고
희디흰 달빛에
화선지에 먹물 번지듯

밤골 꽃돌에게 받아쓰기

수억 년 꿈을 꾸던 깊은 바다
억겁 시간의 주름 접었다 들치더니
그 바다
아름다운 섬진강 자락을
꼬옥 품에 안고서
지리산 끝자락에 돌기로 솟았더라
지난가을
진하디진한 밤꽃 향기에
차가운 돌 속에서 몸 비틀던 꽃들 지금,
몽롱해진 눈빛으로
끙차끙차 물 끌어올리는 소리
알타이 엘란가시 계곡의 암각화 속
향유고래의 음파를 해독했는지
귓불까지 빨개지며 은근슬쩍 피고 있는
저 꽃들 좀 봐
꽃잎들이 외로움 가득 담고 바라보고 있어
억겁 시간을 들치고 돌 속에 갇혀서

출렁이는 저 바다

수억 년 꿈을 꾸던 깊은 바다의 환생이다

3초

그래
조금만 참아봐
눈 한 번 질끈 감았다 떠봐

해 질 녘 순천만에서
하염없이 눈길만 받던 저 찌가
물 밑으로 잠수한 지금

떨어지는 해를 바라보던
흑두루미 한 마리가
갯지렁이를 낚아채
비상하는 그 순간

피어 있던 갈대 꽃잎이
파르르 떨리고

바람의 품에 안겨 있던

붉은 노을이
발갛게 물든 뻘밭에
살포시 몸을 누이는 지금

우리가 눈을 마주친 것도
너를 바라보던 내 눈에
강력한 전류가 흐르기 시작한 것도

그 섬 이야기

흑산도횟집 골목에 가면
커다란 전신주에
온몸을 의지한 채
날마다
축 처진 삶들을 기다리는
작은 섬 있다
도란거리며 내리는 빗방울들도
눈치를 보는
양철 바람막이 초라한 그 섬
홍도를 기억하는 햇살 한 줌이
발그레한 볼을 하고
볼품없는 신발 속으로
파고드는 시간이면
부지런한 손끝에서
잘난 구두도 못난 구두도
시침 떼고 일상으로 돌아가는데
허술한 한쪽 무릎에 엎드려

강산이 몇 번 변했나 세어보던
다 낡은 가죽 조각이
하루가 다르게 올라가는 이웃 빌딩을
힐끔거리며 투덜거려도
생의 무게만큼 구린내 풍기는
신발을 보듬고
시커먼 손톱 때가 굳은살로 박힌 일꾼상이
내려다보며 웃고 있는 작은 섬
흑산도 횟집 골목에 두둥실 떠서
오늘도 축 처진 삶들을
마중 나가는 유 씨 아저씨의 빛나는 섬 있다

인월

갈대숲에 달빛 물 노랗게 돋는 밤
뻘 묻은 아랫도리를
갯샘 맑은 물로 헹구고
힘차게 뻘밭을 차고 오르는 새 한 마리
울퉁불퉁 생의 멍울
시퍼렇게 돋아있는 널배에
한 무릎을 농게처럼 꺾어 얹고
날개 한쪽을 달고
하늘에 길을 내는 발가락새
분꽃씨 같은 눈이 까만 어린것들과
뻘밭을 질겅질겅 씹는 시간들 소태 같아도
화포의 꽃 따서 입에 물고
떠오르는 달빛을 끌어다
오종종한 발가락 날개 활짝 펴
힘차게 뻘밭을 차고 오른다
볼을 비비는 갯골을 지나
와온 낙조에 온몸을 불사르고

혜설픈 달빛 주춤거리며 곁눈질하는 시간
달려드는 파도를 밀어내다 지쳐버린 갯샘가에
차디지차진 한숨 소리 한 짐 부려놓고
달빛 물 노랗게 돈는 시간
검푸른 하늘에 길을 내는
남도의 갯땅 발가락새

이수가 흐르는 이유

삼산을 끼고 뒤척이다
동천을 따라 흘러가겠네
여기서 저기서
온갖 더러움에 몸이 섞여도
살며시 몸을 포개고 나,
도도히 흐러 가겠네
잡풀 헤집으며 흐르다
포르스름 피어나는 갈대 끝에
아침 이슬로 앉아
붉게 떠오르는 해를 맞이하며
희열에 온몸 불태우겠네
저보다 더 낮춘 것은 없을 거라며
가슴으로 뻘을 밀며 몸으로 우는
짱뚱어 시린 하소연도 들어주고
갯벌에 녹아 있는 수많은 한숨 소리 도닥이겠네
저물어가는
와온 갯골에 몸을 절이고

갈대숲 사이로
뜨겁게 지는 해 배웅하겠네
캄캄한 어둠이 찾아오면
화포나루에 화안한
꽃등 하나 내다 걸고서
소리 죽여 저 바다와 몸을 섞으며
몇 번쯤 더 뒤척여야
그 섬에 닿을 수 있는지
반짝이는 별들에게 물어보겠네

그 여름

노디목 다리 아래 두 발을 담그고
자갈들 얘기 소리 귀담아듣겠네

도도한 물의 품에 제 몸 던져놓고서
수줍은 척 뒤척이며 아무도 모르게
까르르 까르르 까르르르르르

서산 위 해 아쉬운 눈길 보낼 때
힘 빠진 햇살 등에 업은
붉은 고추잠자리 떼
반딧불이 흉내 내며 군무를 추는 그곳

사랑하는 이의 손을 꼬옥 잡고
날마다 날마다 두 발을 담그고
자갈들 자지러지는 소리 귀담아듣겠네

힘없이 반짝이는

해거름 물의 민낯을
강가에 뿌리내린 버들가지 끝에 앉아
바람 대신 살포시 쓸어주겠네

연향마을 그녀

해 뜨기 전부터 푸른 밭고랑을 타고
굼실거리며 허리를 늘리는 자벌레 한 마리

가난만큼 질척이는 흙덩이를
한숨으로 잘긍잘금 버무려놓고
언덕에 널브러진 개망초꽃인 양
하얗게 세어버린 머리카락이 눈부시다

언제 뜨끈한 구들 위에
등 대고 누워보았나
가물가물한 두 눈이 흐릿해지는데
타오르는 칠월 불볕을
온몸으로 받으며 자지러지다가
아린 삶을 푸른 넝쿨 속에
살며시 감추어놓고
지는 해를 밭두둑에 잡아매고서
느리게 기어가는 자벌레 한 마리

해 진 저녁이면
시큼 짭짜름한 그녀의 체취가
연꽃 향기가 되어 굴뚝을 타고
하늘을 향해 날아오르는
연향마을 그녀

그녀 이야기

중앙동 동사무소 옆
조그만 문 밀면
낮이나 밤이나
푹푹 찌는 복중에도
하루 종일 고운 실 뽑아
예쁜 꽃과 나비 불러
봄 꽃밭 만들어놓고
계절을 넘나들며 사는
부러운 사람 있다
구멍 난 옷 슬쩍 들이밀면
금세 예쁜 꽃 몇 송이
탐스럽게 피어난다
짙은 향기에 코 벌름대다
감사 전하고 돌아서는데
빼꼼히 열린 작은 문 틈새로
수줍게 눈인사 주는 그녀
숭숭 뚫려 미처 채우지 못한

내 지난 시간들도
고운 색실 뽑아다
감쪽같이 수놓아 줄 것만 같은 그녀
이화 자수 아줌마

계월리 연가

산자락 끌어다 붉어진 뺨
살포시 가렸네

골짜기 주름 주름
흘려 놓은 미소는
내 심장의 기억마저 지워버린
전갈의 푸르디푸른 독침
저 요염한 눈매 좀 봐
향긋하고 달콤한 그 입술에 입 맞추고
이 봄 내내
봉긋한 가슴 더듬으며
뒹굴고 싶네

여우비 훔쳐다
탱탱하게 부풀린 저 황홀

김영숙

- 1998년 순천문학 신인 추천
- 1999년 동서문학 맥심상 수상
- 2006년 정신과 표현 등단
- 2022년 『바람이 가고있다(시화집)』
- 현, 순천문학회 회장

고추잠자리 외 4편

김행심

잠자리 소풍 간다
애기 바람 태우고
재 넘어
고향 마을
초가집 지붕
강남 제비 물고 온
박 씨가 자라
어젯밤 둥근 달 낳고

빨간 소풍 가방
허리에 차고
잠자리 떼 즐겁다
마당 가
간짓대 꼭대기
대롱대롱
잉크 한 점 걸렸네.

성당의 불꽃

불꽃 서럽다
성당 종소리
하늘길 열고

머리 풀어 헤친
우울한 센강의 오후
노트르담 성당
파란 언어 구르고
허탈
안타까움
이슬 맺힌 눈동자

그날
머리 위로 날아든 새 한 마리
물속에 잠겨진 고향 물고 와
타들어 간 심장
위로할 수가 없었다.

물컹한 하루

겨울에서 봄 사이 같은
남루한 웃음 걸치고
대문 나선다

숨차도록 슬픈
검정 고무신
시간이 걸려 누웠나?
한나절 끌고서
동네 한 바퀴

실향의 아픔 달래며
고향 산천 자락
둥지 틀어 사는 곳

딱~딱~ 딱딱
딱따구리
담벼락 쪼는 소리?

작은 아부지
지팡이 장단이다

듣는 이 없어도
묻는 이 없어도
"나 아직 살아 있소"

오늘도
물컹한 하루
서산 너머로.

호수 속에 핀 꽃들에게

잘근잘근 씹는다
풋내나도록
절여진 그리움
꿈속에 고향이 서 있다

언덕에 핀 호롱불 꺾어 와
식탁 위에 놓고
동그라미 그린다
온통, 하얀 그리움 또 그리움
고향의 봄 색칠하네

물속에 잠겨버린
꽃네 집 뒤안길
수줍은 살구꽃 곱게 피면
나비 춤추고
안골 재 넘어
너울너울

할아버지, 아버지, 동생 용재
호수 속 깊이 잠든 고향 집을 지키네.

아직도 피어있는 그리움

산 그림자 그을린
뻐꾸기 소리
바람에 흔들리며
재 넘는다

잡초 우거진 골짜기
추억 흩어지고
세월은 나를 싣고 여기 서 있는데
아직도
피어있는
고향의 그리움
꺾지 못하니.

김행심

- 전남 순천 출생
- 시화집 출간 『도월 일기(2021년)』
- 신인상-시(2021년)

귀향 외 1편

김현숙

선암사 대웅전 뒤편으로 돌아가다
돌담 넘어 언뜻 보이는 붉은 똘감들
담벼락 아래 돌에 올라
쓸쓸한 절 뒤안을 훔쳐본다
살짝 잡은 낡은 기왓장 위에는
제비꽃이 아직 강남으로 가지 못하고
날개를 축 늘어뜨리고 있다

감을 먹기 위해 기다리다 때를 잊은 걸까
하늘 맞닿은 곳까지 와
싹을 틔워 꽃을 피워냈구나
밤마다 별들과 속삭이고
떨어진 단풍잎에 밤 추위를 피했구나

이끼 낀 기왓장의 한 줌 흙에 기대
제비꽃 잎들이 노랗게 떠서
바람에 윙윙거리며 노래하고 있다

하늘에서는 눈이 곧 쏟아질 것 같은데.

와온, 찻집에서

바다가 보이는 찻집에서
파도가 드나드는
해안선을 바라보았지

테라스의 무지개 의자들도
가만히 등을 기대며,
농담과 진담 사이로
커피향과 꽃향이 섞여질 때면
세월 가는 것도 잊혀지겠지

손 가득 따뜻한 잔의 여운을 느끼며,
봄에는 양귀비꽃이 수줍게 살랑거리고
여름이면 보랏빛 수국이 키득거리고
가을에는 해바라기가 집으로 가는 우리를 따라왔지
겨울바람이 햇살 따라 먼바다로 통통거리며 떠났지

바다가 보이는 찻집에서

애틋한 사람들 얘기를 나누다 보면
바닷물은 조금 짜졌을까
세월도 유유히 지나간다

김현숙

• 〈순천문학〉 신인상(2009년)
• 일요화가회, 순천여성작가회 회원

눈썹바위 외 5편

남기원

봉화산 눈썹바위에서
화정마을을 내려다본다
골목길에는
보고 싶은 소꿉동무들
재원, 경수, 연호, 중원, 윤희
정선, 광예, 임순이가 보인다

깊어가는 봉화산 가을
억새꽃 바람에 장단 맞춘다
갈바람 몰고 오는
능선 따라 길게 늘어서서
화정마을 골목길로 걸어간다

화정마을은 금세
붉은 갈색 옷으로 갈아입는다
윤슬처럼 빛나는 눈썹바위가
화정 향해 어제처럼

말을 걸어온다

고향 집 뜨락엔
검정 강아지 한 마리 졸고 있고
붉어진 고추잠자리 몇 마리
장독대 위에서 다정해진 햇살과
숨바꼭질을 한다

아랫장 풍경

길가 노란 국화가
오가는 이들 얼굴을 살핀다
부산한 걸음걸음에
산들바람은 좌판에 앉은
아줌마의 몸뻬 바지 자락을
붙잡고 맴돈다
갈치, 조기, 아귀 생선들이 눈을 뜨고
오가는 장꾼들의 풍경을 구경한다
고등어는 도마 위에서 발가벗겨져
토막 나도 반항 못 한다
곁에 선 변변치 못한 사내가
담배를 피우고
침을 뱉고 얼굴을 찡그리고
지나는 표정을 살피는 장꾼들
빨개 벗겨진 듯 가볍고 유쾌하다
촌 노가 펼친 보자기엔
쪽파, 밤, 팥, 감, 고추가

손님을 기다리며
늘어진 시간만 한식경 지나
세상 그리움으로 날 저무는
스산한 아랫장 풍경을
마음 안에 스케치한다

예초기

부슬비가 내리는
아침 동천 변 산책길
엔진 소리가 요란하다

오래 자란
잡초들은 사람들 관심 밖에서
마디가 굵어지고 키만 커졌다
처서가 지나고 가을 내음이
바람결에 살포시 흩날리는 때
날카로운 칼날 가진 예초기가 걸어와
풀밭을 휘돌며 사정없이 춤을 춘다

쑥이랑 강아지풀 이름 모르는
풀들 발목 잘려 나뒹군다
풀밭에는 다른 것들도
함께 사는데 땅에 가깝게 자르니
모여 살던 것들 쑥대밭이 돼버린다

칼날이 지나니 깨끗 잘렸다
그건 사람 눈으로 봤을 때고
흐르는 물결도 못마땅한 눈살 찌푸린다
물속 피라미도 잉어도 시끄러운 소리 피해
멀리 가버리고 움직이지 못하는
연한 풀들만 집단 사살을 당한다

하루 작업시간이 끝나고 예초가 꺼지면
잘린 곁의 풀은 구사일생처럼 살아
하루의 생명이 구원을 받는다
금방 몸뚱이가 칼날에 동강날 줄 알았는데
생명 연장이 하루라는 시간이 주어졌다

다음 작업시간까지 무얼 할까
봄부터 지금까지 못다 한 일이 있었는지
생각이 멈춘 순간에
어제처럼 저녁밥 먹고 이야기 나누다 잠이나 자야지
조금 전 참상은 까맣게 잊어버리고
기억조차 잃어버린 풀 무더기.

한 세월 지나는 동안

시냇물 멈추지 않고 이끼 사이, 돌멩이 사이 감돌며
꼬맹이 시절부터 봉화산 기슭에서 하루같이 살았다
세월이라는 놈 셀 수도 없이
활동사진처럼 흘러가고
먹고 싼 배설물이 태산을 이뤘을 텐데
자연 속에서 풍화되어 곡식 기르고
공중 떠돌다가 산으로 들로 흩어져 흔적도 없다
무릇 발자국 많이도 남기며 살아왔지만
돌이켜 보면 뒤란으로
무수한 계절만 자취 감추며 사라졌다
칠십몇 년 드라마를 찍고 있지만
세월 따라 주인공 모습 바뀌고
생각 바뀌어 각인되지 않고 얽힌 듯
무얼 해 놨냐고 물으면 하품하듯 입만 벌어져
그리하라고 각본 정해진 것 아니지
하루하루 살아가다 보니 차곡차곡 쌓여
한동안을 간추려 보니

유년, 청소년, 청년, 장년, 노년기로 구분이 가능해졌다
그런 시절대로 흐릿한 히스토리가 읽힌다
세상 다 거쳐 와 막장에 서서 속빈 강정 같은 몰골로
너털웃음 터트린다 해도 별로 해괴망측하진 않아
많은 사람들이 그런 무대에서 선회하고 있으니 말이지
아직도 몇 걸음 남은 길은 제대로 걸어서
가고 싶은 곳으로 안착해 봐야지
시작부터 이제까지 흐려진 시야로는
해야 할 말 잃은 듯해도
눈 크게 뜨고 막바지 길 활개치고 가보면
숨겨진 이야기를 진흙에서 구해 낼지

혼자라는 것의 변명

변방으로 밀려난 듯 혼자라는 허허로움은
세월 흐르면서 퇴적되는 흔적 같다.
혼자서도 잘 노는 노인네 되어 별스러운 일이 아닌
일상처럼 동고동락해 왔는데
새삼스럽게 되새겨 보는 것도 겸연쩍다.
아침 밝은 동녘 햇살 사이로 기도하는 짧은 시간에
오늘도 잘 노는 하루가 되기를 기대해 본다.
혼자 태어나 세상 속에 뒹굴다가 어찌어찌 머문 곳
더 굴러 갈 곳도 없는 마지막 막다른 고샅길 같다.
자리 다짐하고 일부러 마련해둔 묵정 밭이기도 하다.
저무는 골짜기 붉은 노을이 자욱한 서녘
작별을 몇 개 정도는 마련해야 풀릴 것 같은
엉킨 실타래가 눈앞에 전개될 영상처럼
엉뚱함도 감지하게 되는 것은 무언가?
스스로 살아가며 가꾸는 일상 속에
현재와 내일의 향방을 예측할 수도 있다.
여름날 책을 읽다가 스르르 잠이 든다.

예전에는 낮잠을 즐겨 하지 않았는데
기력이 조금씩 떨어져 몸이 피곤해진 결과인지
활기찬 노년의 모습을 기대했는데
자꾸만 감소되는 활력을 인정할 수밖에 없다.
자연적인 현상을 새삼스럽게 의식하려는 건
늙음을 자연스럽게 받아들이지 못하는
아쉬운 발버둥 같은 씁쓸한 이면이 있다.
자연스러운 늙음을 수용하고 인정하는 것은
순리대로 살아가는 늙은이가 자위하는 자연현상이다.
늙음을 인정하지 못하면 스스로 불만족스러워
초라한 노인네의 까탈스러운 행동거지로 나타난다.
세상의 살아있는 모든 생명체는 성장 과정을 거쳐
연륜이 더해지면서 늙고 야위어 가다
때론 병들고 아프고 그러다가 훨훨 타오르던
생명의 불길이 서서히 쇠약해져간다.
몇 백 년을 산다는 소나무도 허리가 굽고
껍질이 두꺼워져 푸르던 나뭇잎이

노랗게 핏기를 잃고 솔가리가 되어 떨어진다.
백 년을 못 사는 사람은 하루하루 달라져가는
정신적인 것, 육체적인 것이
세월은 흐름에 퇴적되는 것은 자연현상이다.
순리라는 것, 운명이라는 것 삶은 누구에게나 공평히
하나씩 작아져 가는 걸 숨길 수도 감춰질 수도 없다.
자연적인 일이니 이유나 핑계를 댈 연유가 없다.
어느 누구는 늙는 것을 익어간다고 표현했다.
하루가 오고 가듯이 세월의 흐름을 매끄럽게 받아안으면
오늘 하루가 가장 젊은 날로 명쾌하게 콧노래를 부르게 되리라.
늙는다는 건 자연스럽고, 자랑스러운 일이며,
몇 십 년의 흔적들은 훌륭한 다큐멘터리가 되리라 본다.
노숙한 삶이 고와 보이고, 노련하게 솜씨나 재주가 돋보여
기죽지 않는 노익장老益壯의 당당함을 갖추어야 한다.
생의 막바지쯤에 살아온 자신의 삶을 자서전으로 써 봄도 바람직하다.
골 깊은 얼굴 주름살과 흰 수염 길게 늘어트린

소크라테스, 세례자 요한, 슈바이처, 톨스토이, 공자와 같은 성자의 거룩하고 성스러운 지고지상의 경지에 이른 노년의 초상이 신성스럽다.

잘 살아서 그런 모습으로 나를 그려보고 싶다.

탄생(誕生)

친구가 선암사에 단풍이
한창이라고 전해왔다
예쁜 낙엽을 눈으로만 보지 말고
입으로 맛을 음미하다
꼴깍 삼켜버리라 했다
뱃속으로 비집고 내려간 갈잎들이
부드런 창자를 훑으면
조금은 속이 불편해
내일 아침 똥꼬가
아프겠지만,
붉은 단풍이 배배 꼬며
터널을 헤집고 힘겹게 밀려나오면
새 생명 같은 탄생을 환호하겠지
야호! 가을이다!

남기원

- 2019년 순천문학 신인상 수상
- 2020년 시집 『빈자의 바다』
- 2021년 시집 『바람에 비켜서다』
- 2021년 시집 『숲속 서성이는 푸른 별』

낯 동안의 일 외 4편

남길순

오이 농사를 짓는 동호 씨가 날마다 문학관을 찾아온다

어떤 날은 한 아름 백오이를 따와서
상큼한 오이 냄새를 책 사이에 풀어놓고 간다

문학관은 날마다 그 품새 그 자리
한 글자도 자라지 않는다

햇빛이 나고 따뜻해지면
오이는 속도가 두 배 세 배로 빨라지고

화색이 도는 동호 씨는 더 많은 오이를 딴다

문학관은 빈손이라 해가 바뀌어도 더 줄 것이 없고

문학을 쓸고
문학을 닦고

저만치 동호 씨가 자전거를 타고 오고 있다

갈대들 길 양쪽으로 비켜나는데
오늘은 검은 소나기를 몰고 온다

문학관을 찾은 사람들이 멍하니 쏟아지는 비를 보고 있다

지붕 아래 있어도 우리는 젖는다

그리운 눈사람

눈이 푹푹 내리면
버스가 끊어진 마을로 간다

여전히 나는 기다리는 것이 있고
바라는 형상으로부터 겨울이
함박눈이
어떤 이야기가
소리 없이 오고 있다

마중을 가보자
알 듯 말 듯한 시간 속을
걷고 있는데
바람이 훅,
불을 꺼버리고

어둠은 어린 손을 꼭 쥐고 걷는다

눈 밟히는 소리
더 크게 들려오고
발자국 소리는 점점 늘어나
눈귀신이
다 따라붙고

무서워 앞만 보며
산 하나를 넘어간다
입이며 코며 눈썹을 덮는 눈

돌아올 수도 멈춰 울 수도 없는 곳까지 와 버렸을 때

희미한 길 반대편에서
헛기침 소리 들린다

떠도는 눈보라가 보이고
쌓아 올리다 무너진 눈 덮인 탑이 보이고

지우다 쓰다 지우며 써 내려간 희미한 글씨들이 보이고

밤새 담배를 빨던 흰 손이
어둠 뒤쪽으로 빨간 불을 휙 던지는 게 보인다

마중 나간 사람과
마중 온 사람이
소곤거리는 건지
어깨에 기대고 흐느끼는 건지
서로를 안고 있을 때

나는 그들이 눈사람이라는 걸 알았다
셀 수 없이 많은 사람들이 기원을 알 수 없는 곳으로부터
앞을 향해 나아가고 있다

눈송이 하나에
눈송이 하나의 영혼

비틀비틀 다른 시간을 반짝이며
태어나기를 멈추지 않는다

걸음이 푹푹 빠지는 날
오지 않는 버스를 기다린다

한, 사람이 뒤를 돌아본다
둘, 사람이 뒤를 돌아본다
셋, 사람이 뒤를 돌아본다

사선으로 되감기는 눈보라 속에
휘둥그레 바라보는
눈사람이 서 있다

호수 도서관

층층마다 물고기가 드나든다
책장이 열렸다, 닫힌다
물속 도서관

석고상 같은 사람들이 앉아 있다
나는 에페소의 파피루스를 해독하며 아직 도착하지 못한다

오랫동안 움직임이 없는 물

물속에서 물속으로
백 년이 흐르고

물을 의심하는 여기
다시 백 년이 흐르고

나는 깨어난다

겨울새들이 줄지어 행간 밖으로 사라지고
출렁이는 책장에는 신간이 정리되고 있다

오늘 새로 쓴 너의 말이 낳은 무늬들

물방울을 튀기는
여자는 다시 화석이 되어 가고

눈먼 구름이 다가와
눈 속에 알을 슨다

말날

메주를 광주리에 담은 사진이
열두 살로부터 도착했다

늙은 새가
낳아 놓은 알 같기도 한데

코끝을 스치는
아랫목 냄새

새벽부터 순한 말을 몰고 와 잔등을 쓸며 기다리는 할머니

정월
첫 말날에 장을 담가야 맛있다는
흘려보낸 말이 살아 돌아오고

독에 소금을 풀고
달걀을 띄우고, 숯을 넣고

붉은 고추를 잠재운다

물보다 진한 피가 삼대를 돌아오는 동안

푸른 허공에
버캐를 문 말 떼들

얼마나 뽀얀 아이들이 태어나려는지

오줌보가
곧 터질 것 같다

평화로운 천국*

구름 한 점 없는 하늘이다

수천의 갈매기처럼 군중은 한곳을 바라보고 앉아있다

한마디 변명도 자비를 바라는 중얼거림도 없는 침묵

한순간의 정지,

소년은 아버지 가슴에 총알이 파고드는 것을 보고 있다

사진 속 늙은 여자가

시신 무더기를 뒤집으며 아들을 찾고 있다. 아직도

* 칼 마이던스 기자.

남길순

- 전남 순천 출생.
- 2012년 《시로 여는 세상》 등단.
- 시집 『분홍의 시작』 『시골시인Q』 디카시집 『호텔 순천만』 출간.

와온 해변에서 외 4편

박미경

와온 해변
해 질 녘, 폭우 속 파도치는 풍경이 침몰한다
내가 만든 감옥에 갇혀
나를 사육하며
살찌우는 저 햇덩이
갯벌 속으로 빠지는 저 변화무쌍한
불같은 청춘

선암사 가는 길

바람이 길을 내는 저물녘
선암사를 걸었다
투명한 기억 속을 관통하는 유년의 잔상이
조계산을 오르고 있다
얽히고설킨 인연
끝없이 이어지는 능선에 매달아 놓고
강선루 지나 승선교 지나
대웅전을 한 바퀴 휘돌아온 바람 한 채가
뒤깐의 깊은 고요 한 짐을 지고 와
심장의 밑바닥에 부리는 사이
승선교 아래
천 년 계곡을 흘러온 물소리가
사람 마음속에 구불구불 물길을 트고
아랫마을로 흘러가고 있다
산문에 들어
뒤늦게 깨달은 고요가
암자의 풍경을 깨우고, 마애여래입상을 깨워
도란도란 이야기하며 자귀꽃을 피워내고 있다

원창역

지리산과 섬진강으로 막혔던
전라도와 경상도를 이은 경전선
별량면 원창역은 기차가 서지 않는다
벌교역에 잠시 멈췄다가
구룡 지나 원창 지나 광주송정역을 향해
곡선의 시간만이 원창역에 머물다 갈 뿐이다

생선 비늘 냄새가
일제강점기 수탈의 시간을 지나
누군가의 기억 속에서 꿈틀거린다
한때 새벽 장터로 물물교환이 이뤄지고
국밥집과 채소 좌판들이 즐비했던
튀밥이 펑펑 터지는 튀밥 집만이 지키고 있다

이곳에 머물다 간 사람들은 다 어디로 떠났을까
꼬불꼬불한 곡선의 삶 철길에 묻어두고
직선으로 한 시대를 질주하는 기차는

하루에도 몇 번씩 서울을 왕래하며
부드러운 곡선의 기찻길을 느린 속도로 달린다
동글동글한 품격으로
옹이진 아프고 거친 세월을 찬찬히 풀어주고 묶어주며
기차가 싣고 온 도시 이야기는
마을 어귀 동네 슈퍼 할머니에게서나 들을 수 있다

기차가 서지 않는 원창역
이제는 등록문화재로 남아
이곳을 스쳐 가는 사람들에게는 간이역으로 잊히지만
역사 내 고요는 추억 속에 누군가를 또 기다린다
늙은 시간과 젊은 공간의 파스텔톤 풍경을 갖는다

마음의 정원
- 순천만에서 와온까지

순천만 하면 역시 가을 갈대밭이고
갈대밭은 가을에 걸어야 제격이다
일출 명소 화포에서 제방을 따라가다
순천만 자연생태공원
용산 전망대 올랐다가
팔도에서 손꼽히는
일몰 명소 와온까지
십 리 남짓 이어진 갯벌 길을 걸어가며
해 떨어질 시각이면 와온에 와 있어야
비로소 순천을 다 보았다 할 것이다
때마침 썰물 날 때 갯벌을 걷게 되면
빨갛게 익은 칠면초가 붉게 물들이며
장관이 되는 가을이 제일 예쁘다
한낮의 햇살은 열기 품은 청춘처럼
86,400초의 시간 바구니에 담겼다가
순간 불에 탄 채 낙하하는 저 불덩이
붉은 행성이 노란 보자기에 싸이고

풍경이 갈대밭 속으로 불쑥 빠져든다
뻘에서 나온 그녀가 마을로 걸어가며
하루를 속기하는 동안 저녁이 온다

조금씩 눈이 멀고
천천히 무너진다
사람들이 다투어서
묵은 짐들을 싸고
신발 끌고 집으로 돌아가는 사람들
내 삶의 문장에 이 하루를 필사한다
구석기 노을 문장은 다 어디로 갔을까
내 고향 순천만이 그리운 사람들은
저물녘 와온해변을 카메라에 담았다
날마다 영혼을 위로하는 방식으로
굴레의 파도 하나씩 어깨에 떠메고
순천의 아픈 역사 셔터를 눌러댔다
바다에 소금 한 알 사르르 녹아들 듯

이마에 찍힌 잔상을 갯벌에 새기면서
느리게 귀향하는 바다를 닮고 있다
아득한 바다 너머 태양이 떠오르고
지상의 낮과 밤이 순리대로 교대하고
계절과 계절이 자리바꿈을 할 때면
꽃 피었다 진 자리 다시 열매 맺히고
빛이 지나간 자리 그림자가 맺히듯이
수장된 한 역사가 반짝반짝 빛나며
한 시대 풍경들이 가을볕에 익어간다

바다를 떠메고 사는
사람들 그리움이
이윽고 갈대밭의 문장으로 피어나고
힘차게 매일매일 바닷길을 비상하는
철새와 흑두루미 심장 소리 듣는다
어둠이 갯벌을 지나 갈밭에 숨어들어
처얼썩 파도 소리와 한몸이 되어갈 때

순천만 겨울이 파도 소리로 일어선다
그 위에 눈이 내리는 이곳 순천만국가정원
시 한 편으로 비움을 채우는 넉넉한 풍경이다

10월 동백

구름 한 점도 없는 남도의 푸른 하늘
그 아래 말뚝 박힌 역사의 한숨 같은
갯벌에 갈대밭에 살랑살랑 불어오는
일생일대 바람이 한 시대를 쉬이 넘고
해거름 뻘밭에서 짱뚱어 튀어오르는
마음 편안해지는 그림 같은 가을 풍경
75년 전 이곳의 색깔은 핏빛이었다
1948년 10월 19일 4·3 진압 거부하고
국군 14연대 군인들의 무장봉기
피로 물든 남도 땅 그 누가 알았으랴

학살이 자행되던
여수 순천 끝이 아닌
구례 보성 광양 너머
화순 영암 함평까지
경남 서부 하동 산청
전북의 임실 김제

수만 명 민간인과 군경이 학살됐지만
제대로 된 원인 규명 아직까지 요원하고
특별법 제정 못한 민족의 아픈 역사
수많은 이들에게 씻지 못할 상처를 준
곳곳에 숨겨져 있는 뼈아픈 이야기가
2020년 10월 19일 여순 72주년 때
여수 순천 전역에 묵념 사이렌이 울렸다
2021년 7월 20일 희생자와 유족 위한
명예 회복 진상 규명 위한 법이 제정되고
2023년 여순특별법 75주년이 되던 그 해
국가폭력 반성과 민족 화합과 통합 외치는
민중이 부르는 소리 만천하에 울려 퍼졌다

평생을 짓누르는 족쇄가 되어 온 말
누군가는 영원히 '빨갱이'를 떠올리고
누군가는 거룩하게 '항쟁'을 떠올리는
아아, 이중적이고 모순적인 고요의 말

얼마나 뿌리 깊고 얼마나 적막하냐
진압군에 쫓겨 다니면서 산에 숨었다가
국밥 한 그릇 얻어먹고 도망치다
당사자는 부역죄로 총살을 당하고
가족은 연좌제로 빨간 줄 그어졌던
희생자 넋 붉게 물들이는 10월 동백
지금도 한가지로 피고 지는 것 보면
눈 속에 핀 동백꽃을 보는 듯하다
아니 아니 75년을 버틴 세상살이
억울해 죽겠는데
피눈물 쏟아지는데
죄 없다 말 한마디 해주지도 않으면서
자꾸만 용서해라 잊으라고만 하는지
가해자가 피해자 되고
피해자가 가해자 되는
역사의 흐름 속에 우리들 기억 속에
한으로 응어리로 남아 있는 반란 오명

민중의 손과 발을 입술을 짓이겼다

죽임을 당한 자도 죽인 자도 동족이라
굴레 속 무자비한 삶까지 내려놓은
화해와 상생의 길로 역사 왜곡 바로잡고
대립과 갈등에서 벗어나 바로 서는
울지도 아프지도 원망도 하지 않는
희망과 평화의 아름다운 노랫소리
이 나라 쑥대밭 같은 뼈아픈 역사 위에
한마음 통합해갈 용서 한 번 없었구나
순천만 너른 갯벌 땅심 깊은 검은 땅에
뜨겁게 파묻었던 너의 이름 하나
여순 땅 기슭기슭
붉게 핀 10월 동백
반드시 기억해야 할 처절하고 가슴 아픈
아직도 풀지 못한 역사의 한 조각을
비로소 소리 없이 마음의 강 열고 간다

초록은 동색이라 불꽃같은 것이냐
새날이 밝아오면 푸른 산맥을 보자
순천만 품에 안는 풍경과 같은 역사
한 걸음 또 한 걸음
인고의 시간으로
오늘 꿈속에서는 성자의 모습으로
서로의 아픈 마음 안아주고 쓰다듬고
서로의 슬픈 얼굴 닦아줄 일이다
어두운 긴 밤 가고 성스러운 빛이 오는
저 새벽 날 샐 무렵 순천만을 바라보자
마침내 하나가 되는 새벽 강이 될 일이다

박미경

- 〈한국시원〉 등단
- 순천실버작은도서관 운영자
- 광주지검순천지청 인권상담사
- 전) 순천문인협회 사무국장
- 일간 『시사일보』, 월간 『서울시티』·『여성시대』 시와 그림 연재 中
- 시집 『내 안의 바다』, 시화집 박미경의 감성클릭 『사막여우의 그림산책』, 『예술경로당이야』, 『나의 정원』, 『자존감 학교』 등

옴팡골 외 5편

박광영

저전동에 마실 나갈 때가 있다
닥나무 저(楮), 밭 전(田)의 동네
옛 마을엔 한지를 만드는 나무가 많이 자랐다고 한다

오래된 고샅길을 지나면 옴팡진 데가 보인다
아담하니 땅이 아래로 처진 곳
'옴팡골'이라는 이름으로 콩나물국밥을 판다

문을 열고 들어갈 땐 허리를 구부려야 한다
천장도 낮고
방 안에 놓인 밥상도 낮다
옴팡진 구석에 앉아 뚝배기를 먹는다

쌀쌀한 아침에 속풀이로 딱이다
쌍알 달걀을 풀며 흐뭇해지곤 한다
알싸한 국물을 훌훌 불어가며 입에 넣는다

엇갈린 사이
좀처럼 맺힌 걸 풀지 못하지만
그래도 옴팡골이란 나지막한 곳에선
어쩌다 기억날 때가 있다

석조(石槽)
- 뿌리깊은박물관에서

돌을 파내어 만든 물그릇
뿌리깊은박물관에서 보았다

야외전시장 잔디마당에
하늘을 속에 품고
청청한 빛 담은 채 놓여있다

고요의 순간에 놓여있기까지
햇볕과 구름과 바람이
저 속을 얼마나 파고들었을까

본디 단단한 속내를 긁어내기 위해
정과 망치로 두드린 순간마다
저 굳은 심지들은 어디로 튀었을까

쩡하는 불꽃에
한 조각 마음이,

쩡하고 내리칠 때
그 모퉁이마다 상처가 돋았겠지
수없이 불꽃을 살랐겠지
사르고 또 사르며
속내를 파고들었겠지

오늘 아침엔
고요히 비가 내린다

내일은
작은 연 잎 몇 개
둥글디 둥근 하늘에 뜰 것이다

화포(花浦)*

다시 봄날,
화포바다에 꽃 보러 가다

근질근질 바람이 스치면
언덕바지에 앉아 하염없이 내려다본다

쥐었다 편 손바닥엔 하나도 잡히지 않고
문득 눈 덮인 산봉우리 하나
저 물빛에서 우뚝 솟는다

섬들 사이 반짝이는 해협에 돌고래라도 되어볼까
땅별처럼 흐드러진 봄까치꽃과 입을 맞출까

다시 올까 봄,

* 화포 : 순천 별량면에 있는 바닷가 포구

더 오지 않을 봄날인데

막막한 저 뻘은
비릿하게 더 비릿하게
온 산을 적시어 온다

아득한 봄을 적시어 온다

화포바다에서 3

화포에선 물이 물을 민다

앞서가는 물의 등을 뒤의 물이 밀고 들어온다

서로 밀어주며 즐거운 물들은 쏴아아 노래한다

나란히 어깨를 두르고 앞으로 전진한다

화포 꽃향기가 함께 밀려온다

갯내음이 스쳐간다

갯바람은 가만히 바라보다 사라진다

애간장에 닳은 생(生)은 시간의 배를 타고 떠나리라

봄바다 꽃바다

화포바다에 봄물이 철철철 밀려온다

봉화산 산벚나무

봉화산 중턱 즈음에
이맘때면 살고 있다
나이도 알지 못하고
살아온 이력에 대해서도 모른다
과거를 힘 있게 장식하던
프로필이 있는지 없는지도
한 해 내내 죽었는지 살았는지
어쩌다 뻐꾹새 울음소리가
귀에 닿을 때가 있는데
그제야 그의 안부가 궁금하곤 했다
철딱서니 없던 시절부터
멀리서 지켜보곤 해서
나보다 훨씬 웅숭깊은 내력을 지니고 있겠지만
그는 나를 초대한 적은 없었다
평생을 입 다물고 있다
찬바람이 불어 쓸쓸해지면
짬뽕 국물 챙겨 가서

고량주 한 잔 대작하고 싶을 때도 있다
그는 좀체 잔을 비우지 않고
내가 손짓으로 재촉하면
잔을 들어 입술에만 살짝 대고 말리라
그러고선 미간을 찌푸리기도 하고
어이없는 듯 털털거리며 웃기도 할 것이다
멀리 서서 아득한 산을 바라보면
사시사철 있는 듯 없는 듯,
해가 갈수록 그의 입은 더 무거워지는가
언젠가는 오십견처럼
그의 팔이 지탱하기 힘든 날이 올 텐데
그때도 지금처럼 일 년에 딱 며칠
산 아래 세상을 환하게 비춰줄 수 있을까

아, 뻐꾹새가 울기 시작한다
산벚나무 기지개 폈다

선암사 무우전(無憂殿)

선암사 무우전,
송수권 시인의 시를
컴퓨터 화면에서 필사하는데
아뿔싸, 글자 하나 계속 없어진다

'무우전'을 치고 나면 이내
'무전'으로 바뀌고 만다
몇 번이고 실랑이하다
무전이라 치고 나서
그 가운데에 '우'를 집어넣는다

근심할 우(憂)

걱정거리 없는 작은 몸 하나 세우는 일,
근심 하나 없는 게 이리 어려울까

조계산 자락은 흰수염고래처럼 내려앉고
맑은 바람 따라 풍경 소리 흔들린다

박광영

- 계간 《시와정신》 등단 (2014)
- 시집 『그리운 만큼의 거리(2018)』, 『발자국 사이로 빠져나가는 시간(2022)』
- 산문집 『제대로 가고 있는 거야(2021)』

골단감·1 외 4편

서정옥

아랫장날
새벽부터 줄지어 늘어진 진홍빛 단감
노을빛에 곱게 물들어
윤기가 난다.

한여름 뙤약볕
홍수가 나고 태풍이 불어도
끄떡없이 견뎌내더니

갈바람이 연지로 분을 발라
화사한 수줍은 얼굴 열아홉 처녀처럼
온 장안 곱게 물들어 향기로
단침 솔솔 부른다.

골단감·2

찬바람 부는 겨울이면 아버지께서는
감나무 밑동에 북을 돋우며
향내 나는 밑거름을 둥그렇게
넣어 두셨다.

이듬해 추수 때면
멀리 삼촌도 인사를 하고
이웃사촌도 손을 보태어
수확 나누는 기쁨
서글한 배가 되었다.

맘대로 검은 선을 그려
입 쩍 벌어진 녀석들
강한 단맛에 놀란 토끼처럼
벌이 침을 두고 달아났다.

봉화산 솔가리 오솔길

한적한 봉화산 오솔길로 가벼운 발걸음이 서서히 일어서고
매일 같은 하루의 일상, 벗어나고픈 유혹이 밀려오는 한낮
도심 속 복잡한 아파트 사이로 비탈길이 길을 내어 오른다.
홀로 둘이 오르면 솔가리 비단길이 내어주는 평안함이 있다.
이내 찾아드는 평온함이 소리 없이 스멀스멀 찾아 들고
시원한 솔바람과 어깨를 나란히 하며 좁은 길로 따라 오른다.
정적을 깨뜨리며 고운 목소리로 산새들이 즐거운 노래를 하고
그 사이로 햇살이 스며들어 여치들의 다정한 정담을 듣는다.

오래된 아름드리 홍솔 나무 숲길로 잔솔가지 솔방울 솔향기
솔 내음 진하게 번지는 고요 속에 고요는 더 고요하다.

와온 붉은 바다

터져버릴 것만 같은 사랑 하나 와온 바다 서산에 걸렸다.

잔잔한 바다 위로 배 띄워 사랑 노래 띄워 보낸다.

갈매기들 노랫말 장단에 수다쟁이 밤게들 마실을 나온다.

외로운 고깃배 해 저문 줄도 모르고 한가롭게 노닐고
떠나는 밤을 알려주는 쓸쓸한 돌섬.

타는 듯한 붉은 노을, 출렁이는 파도 따라가며
구슬픈 사랑 이야기를 곱게 실어 나른다.

생명의 터전

코끝에 사르르 묻어나는 바다 내음
뽀얀 속살 드러내며 바다로 잇는 강물 줄기
굽이굽이 동천의 맑은 물줄기
햇살 받아 눈부시게 빛나는 흰나비
파티 복 입고 나와 서로의 자태를 뽐내는 철새들의
평화로운 목소리가 들려온다.

사각사각 갈대들의 다정한 속삭임이 귀를 간질이고
떼 지어 날아오르는 기러기 물오리 떼
맑은 강물에 붉은 노을빛 물이 들면
어우러지는 갈대밭 정겨운 흑두루미
고니, 도요새들의 군무

바다 물결 따라 드러내는 갯벌 바람길 물길
엄마의 품속처럼 따뜻한 철새들의 보금자리
사그락사그락 갈대들의 속삭임 들으며
하나가 되어 가는 곳

용서와 화해의 터 연안습지, 오늘
순천만에는 생명이 흐른다.

서정옥

- 한국방송통신대학교 교육학과 졸업
- 순천대학교 평생교육원 문예창작과 수료
- 순천문학 신인상(2018)
- 시집 『엄마는 겨울꽃이였다』『눈으로 하는 말』

가뭄 외 2편

안천덕

주암댐 마르고 닳아
낮은 저수량에
식수난 겪을까
노심초사인데
기다리던 봄비는
때때로
갈증만 초래하고
먼지만 잠재우는
남녘 가뭄에도
동천 둑길
벚꽃은 활짝 만개해
보슬보슬 빗방울에
마른목 축이더니만
햇볕 따스한 춘삼월
봄의 날개 홰치며
꽃잎 흩날려
폴폴 폴 춤사위로
창공
오르내린다.

벚꽃 길

활짝 만개한 꽃숭어리
뭉게구름처럼 부풀어
파란 하늘 우러르고
오가는 향춘객
멋진 포즈
카메라에 담는다

동천
흔들다리 건너다
청둥오리 떼 노니는
자연의 오묘한 존재
엿보기도 하며

천변 뜰 언덕배기
예쁘게 단장한 봄꽃들
시냇물 가로질러
웅크려 엎드린

징검다리도 눈에 익지만

장미 넝쿨 휘감긴
긴 터널 걸으며
상상의 나래로
화사함 만끽하는
봄날 오후

순천만국가정원

순천만국제정원박람회
개최 첫날
매표소마다 붐비는 관객들
꽤 길게 줄을 선 광경은
지루해 보이기도 하지만
아빠 엄마 손잡고
신이 난 아이들
노모의 휠체어를 밀며
힘겨워 보이는 효자(중년)
각처에서 모여든 인파에
몇몇 외국인도 눈에 띈다
정원 곳곳 치장한 경관
이루 다 말할 순 없지만
생긋뱅긋
눈웃음치며 봄꽃들이 반기고
쌘구름 같은 벚꽃숭어리
바람 타고 흩뿌리는 꽃잎

걸음걸음 후각 간질이는

꽃길

향취에 젖는다

안천덕

- 2007 《순천문학》 신인 추천
- 2021 《문학춘추》 신인상
- 시집 『갈대숲 속삭임(2013)』, 『파묵칼레(2020)』

순천만, 생명의 끈을 풀어가며 외 6편

장윤호

갈대숲에 묻어있는 이야기가
사각거린다
귀 대고 가만 엿들으면
밤마다 가슴 부비는 그리움
우리가 버린 생각의 빈자리를 채워가는
갈대밭 숲 사이로 바람이 웃으며 지나고
사람들, 내려놓은 한숨을 거른다
흑두루미가 날아와 새들을 깨운다
큰소쩍새도 울고
새호리도, 해오라기도 갈대숲을 흔들어
둥지 속 알들이 꿈틀거려
죽음을 씹어 삼키는 갈대밭에 마침내
생명의 싹이 움틀 때
갈대숲은 봄처럼 일어나
절망의 나락으로 밀려온 사람들
가슴을 비벼 밤마다
또 하나의 이야기를 낳는다

맑은 피로만 생명의 기류를 타고
멀리 높다랗게 날아갈 수 있는 새처럼
순천만 갈대숲에는 아직
꿈을 그리는
살아있는 이야기가 사각거린다

송광사

남으로 내려가려오
조계산 자락 불자의 성
혜린 선사의 득불을 인연의 골로
천삼백 년 향불 지펴 온
송광사 큰 절로 가려오

생명의 윤회를 찾아
시간을 기웃거리는 나그네에게
병풍처럼 환한 열여섯 국사의 불심이
은유의 숨결로 풍겨나는 임경당 우화각에 서면
그대가 부처가 되는 것을

사람이 비로소 사람 되는 수행도량 승보종찰로
천자암 쌍향수 향 온 누리 품으며
수만 년 사람들 가슴에 샘물로 솟아
무거운 마음의 감옥을 여는
내일의 창틈 가만 엿봅니다

계월 매화마을

삼월, 봄을 여는
계월마을의 사랑은
향 좋은 매화로 핀다
가슴에 오래 담아 온 홍매는
시집간 누님의 봄소식
돌담 밑 봄기운 맺힌 청매는
마실 나간 이웃 아주머니의 웃음으로
메아리가 살아나는 산골
계월 매화마을에
봄은 향긋한 춤을
매화로 핀다

흰 눈이, 하늘 숲을 만들다

흰 눈이
세상을 하늘 숲으로 바꾸면
나는 하늘길을 걷는다
어쩌다 바람 불어
나뭇가지에 앉아 있던 눈이
후드득, 머리 위로 떨어질 때
나는 걸음을 멈추고 서서 맞는다
세상은 이미 흰색이니까
세상은 이미 평화를 선언했으므로
길이 보이지 않아도 좋다
먼저 걸어간 그대의 발자국이 길이 되고
음악이 없으면 또 어떤가
새소리와 함께 박자 맞추는
뽀드득, 발자국 소리가 노래인 것을
나는 하늘 숲을 헤쳐
그대와 함께 선암사,
흰 숲으로 간다

조율

순천시 중앙동
시장 골목 안에서 사람들은
사랑과 절망 섞인
행복을 사고판다
가로등 밑에는 목숨처럼 질긴 욕설이
세월을 묶어가고 있었다
움켜잡은 동아줄이 썩어 허물면 그들은
순백의 자유 나라를 향하여
사각의 골목을 떠난다
골목에 서있는 텅 빈 우산 속에서
낮은 꿈들이 싹트고 있다

귀향길에서

순천은 따숩다*

플랫폼에서 내딛는 발걸음이
새의 날개깃처럼 가벼워
폴딱 뛰었다
광장의 거리로 나서는 찰나
훈풍이 두 볼에 닿는다
그리하여 또
순천 사람이다

밤차를 타고 소풍처럼 다녀온
서울 20년은 아직도 타향이다
눈꺼풀에 졸음 달락거려도 가슴은
겨울 삭풍을 내모는 남풍

---

* '따뜻하다'의 순천 방언

초롱한 눈망울의 아이들이
인문숲 도서관에 있다

그대가 있는
순천은 참 따숩다

비 오는 날은 붕어빵집이 붐빈다

비 오는 날은
순천시 중앙동
1번가에 자리 잡은 리어카
붕어빵집이 붐빈다
국화빵도 동이 나고 사람들은
빗줄기 틈으로 줄을 서 있다

모락 김이 피어오르는
비치파라솔 안에서
줄을 서 기다리며
고리되어 깊어진 얼룩진 긴 세월
촉촉해지는 눈시울이
잃어버린 유년을 가늠하며
삶의 무게를 벗어 본다

오늘도
붕어빵에 즐거움을 찾는

1번가 붕어빵집은
목숨처럼 질긴 비가
꽃처럼 핀다.

장윤호

- 한국문협100주년 위원
- 전남 예총상, 전남문학상
- 전남문협 부회장 역임, 문학박사, 동덕여대 문창과 교수역임
- 시집 『조율』 외 7권, 소설집 『별을 줍는 나그네』 외, 평론집 『남도 작가들의 남도 이야기』 외

선암사(仙巖寺)에서 외 4편

전종주

비켜 흐르는 물소리도
단풍 든 나무들 사이로
파고든 바람까지도
호젓하게 사운대는
선암사 가는 길

내를 건너
굽은 소나무 숲으로
두 손 모아 잡고
스미듯 사라지는
아득한 전생

불타(佛陀)의 옥음(玉音)
범종이 청아하게 울리자
순간,
내 평범했던 가슴에
별 하나 반짝인다

승선교(昇仙橋) 위에 서니
아, 그제야 나도 몰래
미루나무 한 그루
내 가슴속에
자라고 있음을 알았다

순천만(順天灣) 1

늘 그리움의 힘으로
철새가 나는
순천만은 오늘도
은은하게 채색되는
한 폭의 유화

노을 물든 갯벌엔
눈 비비며 비상하는
그리움 한 무리
갈대 우거진 길에는
두 손 꼭 잡은
하얀 연인들

순천만에 가거든
가슴 풀어헤치고
나직한 목소리로
그리운 사람을
불러 보아라

순천만(順天灣) 2

낙조(落照)에 물든
포근포근한 갯벌
저 머언 침묵
우리 그대로 두자
못내 서운하여
무어라도 하고 싶거든
시인이여,
저기 칠면초 펼쳐진 위에
쫄장게 발자국 닮은
말줄임표나
넉넉하게 찍어나 두자
너무 촘촘하게도 말고
서두르지도 말고
풋풋한 흑두루미
담상담상한 걸음으로

와온의 일몰(日沒)

작은 마당들이 모여 있는
와온마을
그 바닷가는
먹을 갈아도 다시 그릴 수 없는
그런 풍경이었네
불기둥 같은 사랑에
데워지는 물소리가 펑펑 들리고,
개펄에 펄럭이는 그리움과
처음 보는 물새 울음 위로
해가 지더군
찬란한 황금빛 정열이었어
아니, 뜨거운 사랑이었어
열정을 안고 구르는 삶
눈물겹도록 아름다웠어
누가 사랑이 진다고 하였을까
새로움을 향한 격정적인 몸놀림을
살아가는 즐거움이

보석보다 더 찬란한 일이라고
깨우쳐 준 것은
오늘의 바다에 열정으로 피고 있는
한 덩이의 그 햇덩어리었네

선암사 홍매화

선암사 뒤뜰 바람 소리
가슴 파고드는 풍경소리
운수암 오르는 각황전 돌담길에
웃음 머금고 수줍게 고개 숙인
홍매화를 보다가
너의 눈길이
거기에 있는 것 같아
가슴 뜨끔해져
차마 똑바로 바라보면
내 마음 들킬 것 같아
다시 또 가슴에 묻고
서둘러
모퉁이를 돌아 나오는
산사 뜨락
봄 한나절

전종주

- 월간 『한국시』 등단(1995)
- 전남문인협회, 순천문인협회 회원
- 시집 『혼자 너스레를 떨었거든(책만드는집, 2021)』

빈집 외 4편

조병훈

오렌지색 지붕 위 따갑게 햇살이 눕는다
덤불에 갇혀 슬레이트 지붕이
신음 소리 대신
꾸물거리는 벌레들의 잠 깨움
마루에 걸린 거울로
갈대숲이 달려온다
갈대의 숨소리 서걱거리며
우르르 몰려왔다 나가곤 한다
오렌지 빛에
나비 한 마리 가을로 날았다

마당 한편
대대포구 바닷길에는 지평선을 긋고
그물코에 은빛 물고기 가득 채우고
가을 차비로 울어대는 소처럼
녹슨 손수레
바다, 뻘밭으로 내닫는다

먼바다 소풍에서 돌아온
바람의 귀향

닥나무 채 다닥다닥
방 문짝 문풍지
울어도 들어줄 사람 없는
더욱 스산해진 공허의 썰물들
서성거리던 타향살이의 오랜 머뭇거림
세월 앞 흰 머리카락 쓸어 올려
마당에 눕는다

밤샘

산 달그림자 가슴에 내려앉으며
숨소리도 숨는다

어른들 집을 비우던 날
동네 아이들 삼삼오오
식혜 속 둥둥 떠다니는 밥알처럼
방안에 모여 10년의 겹친 세월을 풀어놓고
풋풋한 설렘으로
까치꽃*처럼 피어난다
홍단이 청단의 팔뚝을 때리고
청단이 홍단의 손목에 남긴 손가락 줄무늬

서리한 수탉이 퍼드덕거리고
구수한 내음 방안 가득 넘실거리면

* 까치꽃 : 은어로, '색동저고리'를 이르는 말.

시침 분침들 괘종시계를 쳐
새벽을 알리는 닭들의 합창에
방문 앞 고무신들이 혼비백산했던 곳

먼 기억의 주머니를 열어
푸른 피톨들이
꺼내 본 만화경 속에서 쿵쿵거린다
강산이 몇 번이나 지난 뒤, 친구의 해후에도
궁창의 심장 박동 소리
여전히 귓전을 울린다

남산에서 소 한 마리 내려오다

남산 저 멀리에서
소 한 마리
안개비 맞으며
통통한 배로 배시시 웃으며 내려온다

어린 시절 가난은 가슴 한편에 산다
망태기 메고 낫 들고
산과 들을 다니며 부드러운 꼴 베어
망태를 채워 집으로 돌아왔다

낫에 벤 손가락을 긴 풀잎으로 동여매고도
긴 낫으로 풀을 쳤다
아뿔싸, 낫 끝에 찍힌 초록 뱀은
피를 흘리며 허리를 곧추세워
좌우를 두리번거릴 때
뒷걸음질 치던 놀란 내 가슴

문득, 바라본 앞산에서
유년의 기억들이 소리 지르며 달려와
품에 안긴다

상여

신작로 봄 길 열어
줄 서 있는 버드나무 밑에는
아이들 보리피리로 줄을 섰다
봄빛이 풀피리 속 나른해지면
귓전에 따뜻이 내려앉는 아지랑이 춤

뒤를 따르는 상여 소리 앞에
새끼줄 이어 맨
상여 깃발의 행진
하늘 닿는 긴 대나무 하나씩 붙들고
아이들 하늘길을 연다

그때, 작은 아이 하나가
꽃상여 물결 위에
눈물을 뿌려
바다로 가는 할아버지 배를 띄웠다

어허농 어어허농

어라지넝차농차넝

하아넝

이제 일손을 놓게나

밤낮 없던 논밭 일도 쉬게나

땡그랑땡그랑

용두 바다

올망졸망
농게들 옆걸음이
시선을 묶는다
짱뚱어들 등이 타는 중천 해를 잊고
갯벌 위 높이뛰기 시합에 바쁘다
저만치 부러운 듯 느릿한 바닷물
장난꾸러기들과 섞이고 싶어
하얀 웃음 끌어모아
백마 떼를 몰고
달·려·온·다

조병훈

- 1948년 전남 순천 출생
- 순천문학 신인상(2011)
- 순천문학 동인.
- 대한민국 남농미술대전 초대작가(2017), 무등미술대전 추천작가(2019), 전라남도 미술대회 초대작가(2022)
- 시집『바람 한점과 숲 땅』

- cph200277@hanmail.net

도돌이표 외 3편

최서연

짠 내음이 묻어나는 길을 따라
짱뚱어 자맥질하는 와온*으로 간다.
나란한 옆에는
유채꽃처럼 노랗게 딸이 앉아있다.
라디오에선 세월호로
지켜주지 못해서 미안하다는 도돌이표 울림이
낯선 진혼곡으로 번지고
오랫동안 앓아온 안구건조증에도 뿌옇게 맺는다.
마른 비늘 같은 눈물을 밀어내며
스쿨존을 지나는데
액셀러레이터 발은 속도를 늦출 줄 모른다.
"이런 것도 지키지 못하면서 뭔 눈물이야?"
딸의 세모눈에
놀란 칠게 마냥 뽈뽈뽈 게 구멍 찾는다

* 와온 : 순천시 해룡면 해변

산사의 오후
- 금둔사*에서

손으로 꾹 짜면
초록물이 흐를 것 같은 길을
긴 더듬이로 뻗어 오른다.
고사하는 가지를 옮겨 심었다는
납월홍매**의 꽃자리는 사라지고
풍경소리 물드는 잎새 사이로
영산홍이 소신공양을 한다.
두 손바닥을 모으고 돌아서는데
목구멍보다 더 큰 걸 삼키는 소리를 내며
목어가 가슴으로 들어온다.
목줄을 뜯으며 흘러가는 소리가
오목가슴에 꽃을 피우는,
낮잠 주무시던 부처님이 슬며시 눈뜨는,
산사의 오후

---

* 금둔사 : 순천시 낙안면에 위치한 절

** 납월홍매 : 2월에 가장 먼저 피는 홍매

한 쪽으로
- 순천만에서

구름도,
산도,
강물도 한쪽으로
갈대도 자꾸 한쪽으로 흘러가고

그 아래
저어새 한 마리
한쪽으로 흘러가는 꿈을 보고 있다

사진 한 장

동천 사진 한 장을 본다

하늘 아래 산
산 아래 벚꽃 둑방길
벚꽃 둑방길 아래 명주실 같은 길
명주실 같은 길 아래 강물

강물 아래엔 명주 실 같은 길
명주 실 같은 길 아래 벚꽃 둑방길
벚꽃 둑방길 아래 산
산 아래 하늘

기타 하나가
물오른 길을 튕기며
벚꽃 엔딩* 을 물들인다

---

* 벚꽃 엔딩 : 버스커 버스커 가수가 부른 노래

최서연

- 2014년 계간 리토피아 신인상 수상.
- 시집: 『물은 맨살로 흐른다』『흩어지면 더 빛나는 것들』
- 순천문학회원이며 계간 리토피아 막비시 동인으로 활동 중.

상사호 망향정에서 외 1편

허승

포클레인의 굉음과 함께
맥없이 쓰러지는 촌가
무릎을 꺾인 산들의 신음
초점 잃은 어매의 눈 속에
구름처럼 일어나던 먼지들

먼지들은
흩어지고 가라앉고
가라앉은 깊이만큼
세월은 덧없이 흘러갔다

가뭄 들고
뭍이 드러나면
마을 앞 당산나무 터 흔적 선명한데
지켜주지 못한 신들은
지금 어드메 떠도는가

회상 속 소년은
DDT 가루 뿌려놓은 고구마 말랭이
주워 먹은 대가로
배 터지게 김치 국물 들이켜다
결국 병원에 실려갔고
퇴원하던 날
그 사이 이주해버린
짝사랑하던 동네 계집아이의
빈 방에서 숨죽여 울다 잠들었다

한동안
포클레인에 던졌던
원망의 돌팔매질
소년의 가슴에 멍으로 남아
아직 분해되지 못한 채
기억 속 반감기를 살아내고 있다

도시의 갈증을 해소한다는 이유로
아부지의 꿈을 막은 댐은
전답 대신 노동 현장을 소개해 줬고
똑같은 이유로
계량기를 열고 수도꼭지를 틀어
그 물을 마시게 했다
꿈을 걸러낸 물이었다

이곳에 서면
수장된 아픔이 떠오른다

순천만에서

부드러운 바람의 마중에
어느새 노을이 찾아와
갯벌 위에 고운 이불을 편다

아름답다
노을의 옷고름을 풀고
함께 눕고 싶다

무엇이 나를 흔드는가
흔들리는 나는 무엇인가

바람결에
흔들리는 갈대가 답한다

흔들려라
맘껏 흔들려라
하지만 제자리에서

나는 지금까지
그렇게 살아왔다

뻘처럼 질척이고 암담할지라도
그 속에 뿌리내리거라

가끔
바람이 찾아와 속삭이거든
말없이
흔들리거라
흔들려 줘라

허승

- 1967년 순천 출생
- 〈순천문학〉 신인상(2021년)

[동시]

박한송

아부지* 외 7편

박한송

아부지,
왜?

아부지,
아부지,
또 왜?

자꾸 불러
닳아졌다

아브지!
아프지?

〈전남 순천시 상사면 이천마을 마을회관 담장에 있는 동시〉

---

* 아버지(아빠)를 의미하는 사투리

사랑눈

아빠,
자정 넘어
퇴근하고도
잠자는
아이들
옆에서
넌지시
사랑눈을 뿌리네
이불 위로 소복소복
쌓일 때까지

그래가꼬*

할머니는 말끝마다
그래가꼬, 그래가꼬를
반복한다
나도 재미있어 몇 번 따라 했더니
어느새 입에 붙었다
친구들이 나를 볼 때마다
"그래가꼬 그래가꼬" 놀린다
그래도
나는 할머니가 좋고
내 별명이 좋다

* '그래서', '그래 가지고'를 의미하는 방언

선암사* 돌담

천년 전에는
돌과 흙으로 담을 쌓았대
선암사 뒤뜰에 가면
그 돌담을 볼 수 있어

고만고만한 돌들이
다투지도 않고
띄엄띄엄 섞여서
서로 이야기를 나누고 있어

저기 저 흙들은
빗방울 내리고 눈이 쌓여도
돌들의 빈틈에 머무르고 머물러
다가오는 계절마다 단단해졌지

---

* 전남 순천시 조계산에 위치한 사찰로 2018년에 유네스코 세계유산으로 등재

나도
돌처럼
흙처럼
돌담장 같은 사람이 될 거야

송광사* 비사리구시**

옛날 큰 절에서는
대궐 같은 가마솥에 밥을 짓고
집채만 한 나무 밥통에 퍼 담았나 봅니다

일곱 가마니 쌀로
사천 명의 밥을 지어
잠시 웃음 짓고
천 년을 살아남아

펄펄 끓는 밥 냄새
웅성거리는 사람 냄새
전해줍니다

---

* 전남 순천시에 있는 우리나라 3대 사찰 중 하나로, 큰 스님들이 많이 배출되어 '승보사찰'로 불림

** 송광사 경내에 있는 나무로 만든 거대한 목조용기

세상은 파도처럼
이리저리 떠밀려 가는데
나룻배를 닮은 나무 밥통은
옛날이 그리워
엉덩이 대고 주저앉았습니다

순천만은 학교다

순천만은 학교다

봄반
여름반
가을반
겨울반

순천만은 방학이 없다

땅 위에서
땅속에서
밤낮없이
시그럽다

그곳엔 잔소리꾼 교장 선생님이 없다
그래서 조회시간이 짧다

수업을 알리는 종소리
밥 먹는 식당이
따로 없다

순천만은 바쁘다
어제도
오늘도
전화 온 친구들이
줄 서서 기다린다

사슴나무*

나무야 나무야 사슴나무야
희망이**가 보고 싶을 땐
목청껏 노래를 불러다오

나무야 나무야 사슴나무야
우리도 너를 위해
친구가 되어 줄게

어디론가 떠나는
어른이 될 거라면
나는 그냥 어린이로 살 거야

---

* 전남 순천시 중앙동 꿈의 정원에 있는 사슴 얼굴 은행나무

** 사슴과 은행나무의 어리 적 단짝친구

보고 싶거든
오늘까지만 혼자 울고
내일은 꼭 함께 웃자

순천만 해넘이

하루를 넘기는
순천만 졸업식장에
둥근 연 하나
불꽃을 태우며
바다에서
목욕하고 있다

박한송

- 〈시와정신〉 동시 등단
- 동시집 『엄마는 집이다』, 『아빠는 잔소리꾼이다』
- 동요시집 『무지개학교』
- 동요 노랫말 『노을빛』, 『그래그래』, 『절구통 소리』 외 다수

- 순천문학회, 한국동시문학회, 초록동요사랑회, 한국동요문화협회 회원
- 한우리독서 독서지도사, 논술지도사(글쓰기지도사)
- 제22회 근로자문화예술제 문학분야 은상(2001년)
- 제25회 근로자문화예술제 문학분야 금상(2004년)
- 2023년 8월 이달의 좋은 동시 선정 〈다슬기〉
- 현재 포스코그룹 재직 중

[수필]

고성현

김광현

박광영

이승훈

이정희

정영철

진남재를 넘어 외 1편

고성현

마땅히 해야 할 일이라면 감당할 수밖에 없는 것이 숙명 같았다. 자식으로서 엄마로서 친구로서 어른으로서 사회 구성원으로서 해야 할 일은 하고 산다. 천성일까? 노력일까?

지리적으로 시내와 인접한 까닭도 있겠지만 상사면에는 중학교가 없다. 모든 중학생 이상 학생들은 시내에서 자취를 하거나 하숙을 하거나 할머니랑 같이 방을 얻어 살았다. 시골에서는 자취방 얻는 것도 돈이 드는 일이라 대개 자취를 했다. 그런 연유로 토요일 오후가 되어야 집에 갈 수 있다. 통학을 할 수 없어서 자취를 하는 것이기 때문에 주중에 집에 간다는 것은 거의 불가능하다.

중학교 1학년 때의 일이다. 1982년 12월 14일 화요일이었다. 주중이지만 집에 가야 할 일이 생겼다. 아버지의 첫 번째 기일이 온 것이다. 기제사 전에 유두며 백중에도 마당에 치양을 치고 제를 올렸다. 첫 기일이니 마땅히 참석하는 것이 자식 된 도리다.

별량읍에서 상사면으로 넘어가는 진남재는 어른들도 혼자 가는 것을 꺼려했다. 가는 길도 멀고 꼬불꼬불하지만 무엇을 보고 들었다는 말들이 많았다. 대낮에도 헛것을 보았느니 헛소리를 들었느니 말들이 많았다. 사촌 언니들도 엄마도 동네 어른들도 무서운 이야기를 했었다. 엄마가 이야기하기를 장날 혼자 오다가 두런두런 이야기 소리를 들었지만 모퉁이를 도니 아무도 없더란다. 친구 엄마도 '저기 앞에 하얀 옷을 입은 사람이 가고 있어서 길동무하려고 부지런히 따라잡으려 했지만 모퉁이를 돌면 다시 저만치 멀어져서 사람이 아닌가' 싶더란다. 작은아버지도 언제 혼자 재를 넘어오다가 길 아래로 떨어져서 다친 적이 있다. 피를 흘리며 집에 들어서는 작은아버지를 보며 여러 일가친척이 혼비백산 놀란 적이 있다. 이러저러하여 장꾼들도 언덕배기에 있던 탁주 집에서 같이 재를 넘을 사람을 기다리거나 아예 장마당에서부터 일행을 모아 길을 나섰다.

그런 말들을 들었으나 아버지의 첫 기일에 자식이 진남재 넘어갈 길이 무서워 못 가겠다고 할 수는 없는 노릇이다. 정신을 바짝 차리고 늘 다니던 길을 부지런히 걸어가면 될 일이다. 5시경 교문을 나서서 자주 오지 않은 버스를 탔다. 버스는 별량면 읍소재지로 향했다. 12월 중순 겨울 해는 서둘러 기울고 어둠은 빠르게 내려앉았다. 버스에서 내렸을 때 이미 사방은 어둑어둑했다. 언덕을 향해 걷는다. 언덕을 돌아 넓은 저수지를 끼고 절

반을 미처 못 돌아 산길이 이어진다. 저수지 앞마을의 불빛이 마지막 빛이다. 이후로는 집 한 채 없다. 산이 깜깜하다. 산길로 접어든 후 둘이 나란히 걸을 수도 없는 좁은 길을 부지런히 걷는다. 차가운 겨울밤 그믐의 어두운 길을 바삐 걸어 어서 재를 넘어야 한다. 내려오는 걸음은 한 시간 반이면 되는데, 오르는 걸음은 두 시간이 훌쩍 넘는다. 혼자 걷기를 한 시간 반가량, 가장 무섭다는 모퉁이들을 돌 때는 머리카락이 쭈뼛쭈뼛 선다. 호랑이에 물려도 정신을 차리면 산다지만 열네 살 여학생이 혼자 밤길을 걷기엔 모골이 송연하도록 무섭다. 엄습하는 무서움을 떨칠 수 없다. 드디어 재를 넘었다. 재를 넘고 밤나무밭에 다니기 위해 넓게 만든 길을 걸으니 마음이 조금 놓인다. 그러고도 한참을 더 걸어야 비로소 동네가 보인다. 온통 까만 그믐밤, 동네 불빛이 반갑기 그지없다. 이제는 마음이 탁 놓인다. 조금만 더 걸으면 집이다.

마당에 들어서며 "엄마" 하고 부르니 엄마가 귀신이라도 본 듯 화들짝 놀란다. 혼자 버스를 타고 재를 넘어 밤중에 올 거라고 상상도 안 했단다. "어떻게 왔냐"고 묻고 또 물었다. "아버지 기일인데 어떻게 안 와요"라고 답했다. 시간은 어느새 여덟 시 반이 넘어가고 있었다.

그렇게 무서웠던 기억도 드물다. 머리카락이 쭈뼛쭈뼛 일어선다는 것을 그때 처음 느꼈다.

자정에 제사를 지내고 새벽 세 시에 아버지 산소 앞에서 엄마와 나와 동생이 옷가지 두어 벌을 태웠다. 사방이 온통 컴컴한데 우리 앞에만 빨갛게 불이 타고 있으니 엄마랑 같이 있는데도 무서웠다.

새벽 5시, 학교에 가야 하니, 다시 길을 나서야 했다. 엄마가 밤나무밭 끝, 진남재 정상까지 바래다주었다. 아직 사방이 어둡지만, 지난밤만큼 무섭지는 않다. 날이 밝아온다는 것은 그런 거였다. 희뿌옇게 어둠이 걷히고 서서히 여명이 밝아오는 새벽, 아침으로 향하는 시간은 무서움과 멀어지는 시간이었다. 차츰 여명이 밝아오는 것만으로도 밝은 에너지가 느껴졌다.

그다음 해 시월 그믐날은 마침 토요일이어서 대낮에 집에 올 수 있었다. 열여섯 살이 되었을 때는 무서움이 엄습해왔다. 엄마도 밤길에 혼자 오지 말라고 신신당부했다. 집에 가지 못하고 아버지 기일을 조용히 기렸다.

사촌오빠들이며 언니들이며 동생들을 비롯하여 진남재를 넘어 다닌 사람들은 음력 시월 그믐날 밤에 혼자 재를 넘어온 것을 기행으로 여겼다. 그들의 반응은 대체로 비슷하다. 우선 놀란다. 남자도 밤중에는 혼자 다닐 엄두를 내지 못하는 길이라고 여긴다. 초겨울 그믐밤은 달빛마저 없다. 캄캄한 칠흑 같은 산길을 굽이굽이 돌아 혼자 재를 넘는다는 것은 어지간한 맘으로 되지 않는다는 것에 암묵적으로 동의한다. 그리하여 한동안 해야 할 일이라면 하고 말뿐 아니라 담이 크고 의지가 강한 소녀 대접을 받았다.

서울에 살던 몇 해를 제외하고 아버지 기일에 소홀히 한 적 없다. 이른 아침, 장 보는 것으로 시작하여 음식 준비하여 제를 지내고 음복하고 정리하기까지 아버지를 기리는 마음이 가벼울 수 없다. 다음 날 아침 동네 어른들 식사 대접하는 것까지 무엇 하나 대충 할 수 없었다.

지금은 2차로의 길이 휘돌아 나 있어서 예전 모습이 많이 사라졌다. 특히 낭떠러지가 있던 재의 정상 부분이 제법 많이 깎였다. 그런 바람에 가파르던 경사 부분도 많이 메꾸어져서 예전 형태를 가늠하기 쉽지 않다. 정상 부분이 제법 깎이고 우회하였으나 그 도로조차 가파르다는 것으로 어느 정도 추측은 가능하리라.

엄마마저 잃고 나니 부모님 기일은 쓸쓸함이 몇 배로 커졌다. 반겨주는 엄마도 없이 자매들을 태우고 장을 봐 들어간다. 나오는 길에는 형부들과 제부들 차에 언니들과 동생들을 보내고 꼬불꼬불한 밤길을 혼자 나온다.

운전한 지 얼마 되지 않은 때였다. 마당 가장 안쪽에 있던 차를 간신히 돌려서 나오니 시내로 나갈 차량이 모두 빠져나가고 불빛 하나 없다. 작은 언니는 사돈댁에 들러 나오기로 했고, 여섯째 동생은 따끈한 온돌방이 아깝다며 하룻밤을 머문 까닭에 뒤따를 차가 없다. 차를 타고 있건만 열네 살 아이처럼 무섭다.

그런 무서움은 너무 뜻밖이라 평소보다 빠르게 집까지 한달음에 달려왔다. 은퇴하게 되면 시골에 가서 고사리 꺾으며 살까 싶던 마음은 아무래도 접어야 할 모양이다.

부모님 기일은 자매들이 만나는 날이다. 예(禮)도 시류(時流)를 따르므로 아주 늦은 시간까지 머무르지 않는다. 다만 그날 하루는 시골 고향 집에서 온전히 부모님의 자녀로 지낸다. 물론 집으로 돌아올 때는 결코 꽁무니로 나오지 않는다. 강한 듯 보일지 모르지만 실은 누구 못지않게 겁도 많고 무서워한다는 것을 자매들이 알게 된 까닭이다.

흑두루미 이야기

갈대밭이 우거진 길을 남자아이가 걷고 있었다. 갈대밭의 가장자리에 검은 새가 움츠리고 있다. 커다란 검은 새는 다리를 다쳤는지 파닥거릴 뿐 그 자리에서 꼼짝하지 못한다. 아이는 다친 새가 마음에 걸렸다. 집으로 뛰어간 아이는 할아버지와 함께 커다란 새를 집으로 데려오기로 했다. 크고 검은 새는 할아버지의 품 안에서 버둥거리다가 이내 따스한 온기에 가만히 운명을 맡겼다. 새는 할아버지와 아이가 주는 모이를 먹고 모처럼 편안하게 쉬었다.

따스한 바람이 불고 꽃이 피는 봄이 가고 햇살이 뜨겁게 쏟아지는 여름이 다 가도록 새는 아이의 집에 머물렀다. 커다란 검은 새는 절뚝거리며 날개도 펴지 않았다. 검은 새는 어느 초등학교의 사육장으로 옮겨졌다. 이름 없는 새가 되어 닭장처럼 좁은 곳에서 무던히 지냈다.

학교에서 운동회가 열리던 날, 이름 모를 커다란 새는 외진 사육장에서 모이를 먹고 가끔 두룩두룩 소리를 냈다. 동물병원장은 낯선 소리에 이끌리듯 새 앞으로 다가섰다. 자신의 존재를 알리는 소리를 낸 덕분인지 새는 그렇게 우연히 동물병원장의 눈에 띄었다. 동물병원장은 닭장 안에서 우는 낯선 새를 알아보았다. 좁은 닭장에 갇혀 날개도 펴지 못하고 절뚝거리는 새는 이름조차 생소한 흑두루미라고 했다. 흑두루미는 닭장에서 나와 넓은 새장으로 옮겨졌다.

오랫동안 날개를 펴지 못한 흑두루미는 날지 못했다. 날았던 기억을 잊어버린 것처럼 주춤거리고 웅크렸다. 두루미의 다친 다리는 온전히 자리 잡지 못한 채 굳었기 때문에 몸의 중심은 자꾸 무너졌다. 박새나 참새처럼 작은 새는 헬리콥터처럼 그 자리에서 포르르 날아오르지만, 두루미나 독수리 같은 큰 새는 몇 걸음 도움닫기를 한 후 비행기처럼 양력과 부력으로 날아오른다. 제자리에서 날아오르기 위해서는 날갯짓을 빠르게 하여야 하는데 엄청난 에너지가 한꺼번에 쓰이게 된다. 새의 다리는 도움닫기를 하는데도 몸의 중심을 잡는데도 요긴하다. 날아오른 후에 날개로 바람을 타고 가지만, 하늘과 땅과 수평을 이루기 위해서도 다리의 적절한 균형은 필요하다. 오랫동안 굳어진 다리는 균형을 이루지 못했다.

두루미를 자연으로 돌려보내기 위한 계획이 많은 사람의 관심 속에 진행되었다. 비행을 연습할 수 있을 만한 커다란 새장으로 옮겨진 후 비행이 시도되었다. 두루미는 가끔 날개를 활짝 펴기도 했는데 그 모습이 우람했다. 두루미의 비행은 차츰 거리를 더했고 안정되어 갔다. 두루미는 겨울이 오기 전에 갈대숲의 들로 나아갈 채비를 하였다.

두루미는 어떤 새보다도 가족에 대한 사랑이 지극하다. 두루미는 가족 단위로 생활하면서 후세를 키우고 산다고 한다. 두루미는 부부의 연을 맺으면 한 쪽이 먼저 죽어도 남은 생을 혼자 살아갈 만큼 두터운 의리를 지녔다고 한다. 가족 단위로 생활하기 때문에 가족 안에서는 안전하지만, 가족이 없는 외톨이는 그만큼 그들의 무리에 섞이기 쉽지 않다. 두루미가 그들 무리에 어울려 함께 살아가야 자연으로 돌아가는 의미가 있을 터이다. 두루미들이 돌아오기 시작하자 이 외톨이 두루미는 그들 근처에 다가가지 못하고 주변을 맴돌곤 했다. 어느 날인가는 그들 무리 속으로 좀 더 다가가기도 했다. 안타까운 마음으로 보내는 많은 응원을 받으며 두루미는 겨울을 보냈다. 햇볕이 더 따스해지고 바람이 조금 부드러워져 갈 때 다리를 다쳤던 두루미는 무리들과 함께 북쪽으로 날아갔다. 두루미가 두루미들과 함께 살게 된 것이다.

시베리아의 넓은 들로 날아간 두루미는 푸른 하늘의 맑고 상쾌한 바람을 안으며 창공을 날아올라 먼 땅을 바라보았을 것이다. 멀리 동해의 푸른 바다를 보고 멀리 북극의 오로라를 보며 바이칼 호수의 차가운 물을 고고하게 마셨을 것이다. 평생을 함께할 연인을 만나 다정하게 가족을 이루었는지 모른다. 한 무리의 가족을 이루어 단란한 나날을 향유했길 바란다.

흑두루미가 아름답고 고아한 하얀 학이었다면 닭장 같은 사육장에서 오랜 시간 보내지 않았을지 모른다. 검은 깃털을 지닌 탓에 매끄러운 날개를 활짝 펴지 못한 채 좁은 곳에 갇혀 있게 되지 않았을까. 인고의 시간을 보낼 수밖에 없는 건 비단 현학만이 아니다. 사람도 매한가지다. 조금 더 귀여움을 오래 유지했더라면 조금 더 미모를 가꾸었더라면 삶은 분명 달라졌을 것이다. 가장 빛날 시기를 가장 초라하게 보낸 젊은 날이 못내 아쉽다. 궁핍과 시집살이를 견디며 아이들을 키운 젊은 날이 닭장 속에 갇힌 흑두루미 마냥 애련하다. 온갖 서러움이 해일처럼 밀려들면 가슴속에 박힌 셀 수 없는 화살들을 하나씩 뽑아내며 통곡한다. 아무리 뽑아내도 아픔이 가시지 않는다. 빽빽이 뚫린 구멍들과 아직 박혀 있는 촉들을 옷깃으로 여미고 아무 일 없다는 듯 살아낼 뿐이다.

위기에 처했을 때 사람의 진면목을 볼 수 있다. 위기에 처하거나 고난을 겪을 때, 외면하거나 떠나가는 사람이 있고, 힘을 북돋아 주고 같이 버티고 견디며 함께 고난을 겪는 사람이 있다. 그래서 가족과 조강지처와 죽마고우와 동료가 소중한 법이다. 그래서 믿었던 가족과 친구와 동료의 외면과 배신과 잇속이 그

만큼 가슴 아픈 법이다. 오로지 자신의 이로움과 편리함만을 따라 사는 사람이 드물지 않으니 사람이라고 다 같은 사람이 아니다. 사람은 누구를 만나느냐에 따라 운명이 달라진다. 흑두루미가 착한 남자아이를 만나 기력을 회복하고, 동물병원장을 만나 넓은 세상으로 나갔듯 사람도 좋은 사람과 만남으로 인해 살아갈 힘을 얻는다. 안정되게 버텨주는 누군가는 따뜻한 에너지를 퍼트리기에 충분하다.

오랫동안 움츠려있던 흑두루미가 하루아침에 비상할 수 없었던 것처럼 사람의 비상도 연습이 필요하다. 한 걸음 혹은 두 걸음의 나아감이 결국 그를 날게 한다. 실패를 동반한 시도가 그를 날게 한다. 두 날개의 균형을 이루지 못하고 퍼덕거리는 거친 몸짓 다음에 우아하고 단아한 학의 몸짓이 나온다. 여러 사람의 관심과 응원이 두루미를 날게 했듯 사람의 비상에도 많은 응원과 관심과 격려가 필요하다.

두루미가 두루미들의 무리로 돌아간 것처럼 사람도 사람들 속에서 어울려 살아야 한다. 흑두루미도 사람 못지않게 가족의 울타리가 크다. 두루미도 그럴진대 사람이야 오죽하랴. 가족의 울타리는 강력하다. 가족이 힘의 원천일 수밖에 없다. 두루미가 두루미 무리에 섞여 살아가듯 사람도 사람 사이에서 살아갈 수밖에 없다. 서툰 몸짓은 차츰 부드럽게 자연스럽게 변해 갈 것이다. 주변을 맴돌던 엉성한 말도 시나브로 짜임 안에서 오밀조밀

촘촘해질 것이다.

하얀 깃털을 지녔든 검은 날개를 가졌든 학은 날아올라야 한다. 두루미는 서늘하고 맑은 바람을 타고 북쪽 끝까지 날아갔다가 서리 내리는 아침이면 무심히 돌아오리라. 푸른 하늘로 비상하는 두루미처럼 꿈이 펼쳐질 너른 세상으로 날아오를 준비를 하는 사람은 날개를 지닌다. 꿈이 있는 사람은 날개가 있다.

불현듯 갈대숲에서 꾸룩꾸룩 소리가 바람에 실려 들려오는 듯하다.

고성현

- 2010년 순천문학 등단
- 순천대학교 교육학 박사수료
- 순천문학, 전남수필문학회, 영호남수필문학 회원
- 2021년 수필집 『사색의 고요 너머』 발간
- 2022년 수필집 『시간에 기대어 서서』 발간

유배가사의 효시 만분가 외 3편

김광현

우리 고장 순천은 예로부터 아름다운 고장이라 하여 소강남이라 불렸으며 많은 사람으로부터 교육도시로 회자되어 왔다. 이러한 교육도시의 이미지는 언제부터였을까? 나는 이런 물음에 대한 답을 역사 속에서 찾는 데 주저하지 않는다.

역사를 거슬러 올라가면 우리 순천은 유학의 뿌리가 매우 깊음을 알 수 있고 우리 지역의 유학에는 매계 조위와 김굉필이 있음을 알 수 있다. 매계 조위와 김굉필은 당대 조선을 대표하는 대표적인 유학자로 우리 지역뿐 아니라 조선 전체에 많은 영향을 미친 걸출한 학자들이다. 두 사람 도두 무오사화라는 역사적인 사건의 소용돌이 속에서 우리 순천에 유배되어 임청대에서 교유하며 후학들을 길러냈고 우리 고장의 유학 발전에 많은 영향을 미친 분들이다. 그 가운데 특히 매계 조위는 7년 동안이나 순천에 유배되어 살면서 우리나라 최초의 유배가사인 만분가를 지어 오늘에 전한다. 조위는 본관은 창녕(昌寧). 자는 태허(太

虛). 호는 매계(梅溪). 시호는 문장(文莊)이다.

1474년(성종5) 식년문과에 병과로 급제한 후 검열(檢閱)이 되고 1476년부터 사가 독서한 뒤 1479년 영안도경차관(永安道敬差官)이 되었다. 수차 시제(詩製)에서 장원하여 명성을 떨치었으며 성종의 총애를 받아 경연에 나갔다. 1485년 함양군수로 부임하여 많은 선정을 베풀어 표리(表裏), 녹비(鹿皮) 등을 하사받기도 하였다. 그 후 도승지(都承旨) 호조 참판, 충청도 관찰사를 역임하고, 1495년(연산군 1) 대사성(大司成)으로 춘추관지사(春秋館知事)가 되어 『성종실록』을 편찬할 때 사관(史官) 김일손(金馹孫)이 김종직이 쓴 조의제문(弔義帝文)을 사초(史草)에 수록하여 올리자 그대로 편찬케 하였다.

후에 중추부동지사(中樞府同知事)로 부총관(副摠管)을 겸직했고, 1498년 성절사(聖節使)로 명나라에 갔다가 오는 도중 무오사화가 일어나 의주에서 피체되어 투옥되었으나 이극균(李克均)의 극간으로 의주에 장류(杖流) 우리 고장 순천에서 여생을 마쳤다. 성리학의 대가로서 당시 사림(士林) 간에 대학자로 추앙되었고, 김종직과 함께 신진사류의 기수였으며, 글씨도 잘 썼다. 문집에 《매계집(梅溪集)》, 글씨로는 《조계문묘비(曺繼門墓碑)》가 있다.

조위가 1498년(연산군 4)의 무오사화에서 간신히 죽음을 면하고, 우리 고장 순천으로 유배되었을 때 지은 만분가는 누구에게도 호소할 길 없는 슬픔과 원통함을 선왕(先王:성종)에게 하소연하는 심정을 읊었는데, 이 작품은 우리나라 최초의 유배가사로서 국문학사적인 의의가 대단히 크다.

매계 조위는 김굉필보다는 1년 빨리 유배되었고 1년 뒤에 유배되어 온 김굉필과 함께 당대 최고의 두 학자 학자들이 귀양살이의 애달픔을 임청대에서 나누며 지냈다고 한다.

임청대는 매계 조위가 물가의 돌을 주워다가 대(臺)를 만들고 항상 마음을 깨끗하게 가지라는 의미의 임청대라 이름을 지었으며 김굉필과 매개가 죽은 후 명종 18년 순천부사로 부임한 이정이 두 분을 추모하기 위해 비석을 세웠다. 임청대 비 앞면의 글씨는 퇴계 이황의 친필을 받아 새기고 뒷면에는 매개의 글을 새겼다.

만분가는 최초의 유배가사로서, 귀양살이의 억울한 사연을 능란한 표현으로 절실하게 하소연했다. 2 음보를 1구로 보면 129구의 장편 가사이며 주로 3·4조와 4·4조로 되어 있다. 무오사화에 연루되어 겨우 죽음을 면하고 귀양 간 자신의 처지를 천상백옥경에서 하계로 쫓겨난 것에 비유해 작품 전개의 틀을 마련했다.

만분가의 주요 줄거리는 몸이 억만 번 변해 늦은 봄날 두견의 넋이 되어 남산 배나무에 앉아 밤낮으로 울고 싶은 심정으로 원통한 사연을 하소연했다. 한 조각 구름이 되어 옥황상제로 비유

된 성종에게 가까이 가서 가슴에 쌓인 말을 싫도록 아뢰겠다고 했다. 결말에서는 산이 되고 돌이 되어 어디에 쌓여 있을 것이며, 비가 되고 물이 되어 어디로 울며 갈 것인가 하고 슬픔을 표현하고 있다. 다음은 만분가의 일부다.

> 천상 백옥경 / 십이루 어디멘고 / 오색운 깊은 곳에 / 자청전이 가렸으니
>
> 구만 리 먼 하늘을/ 꿈이라도 갈동말동 / 차라리 죽어져서 / 억만 번 변화하여
>
> 남산 늦은 봄에/ 두견의 넋이 되어 / 이화 가지 위에 밤낮으로 못 울거든
>
> 삼청 동리에 / 저문 하늘 구름 되어 / 바람에 흘리 날아 / 자미궁에 날아올라
>
> 옥황 향안 전에 / 지척에 나가 앉아 / 흉중에 쌓인 말씀 / 실컷 사뢰리라
>
> 아아 이내 몸이 / 천지간에 늦게 나니 / 황하수 맑다마는 / 초객의 후신인가
>
> 상심도 가이없고 / 가태부의 넋이런가 / 한숨은 무슨 일인고 / 형강은 고향이라
>
> 십 년을 유락하니 / 백구와 벗이 되어 / 함께 놀자 하였더니 / 어르는 듯 괴는 듯

남 없는 님을 만나 / 금화성 백옥당의 꿈조차 향기롭다

- 만분가 중에서 -

사림파로서 독자적인 견해를 가지고 나아가다가 수난을 당했으면서도, 임금과 헤어지면 고난에 빠지게 된다고 하며 자신의 정치적인 주장을 펴지 못했다. 만분가는 안정복의 〈잡동산이 雜同散異〉 제44책에 실려 전한다. 여기서 우리가 주목해야 할 것은, 그 당시 지배체제를 살펴보아야 한다. 당시 지배체제의 절대권력을 휘두르고 있는 이는 왕권이었고, 그 왕권에 순응할 때만이 그들의 고통에서 벗어날 유일한 기회였다. 그래서 어떤 유배가사라도 왕권에 도전하는 내용이 아니라 그 왕으로부터의 사랑을 얻고자 하는 노력의 일환으로 대부분의 유배가사는 왕의 은총을 회복하고자 하는 내용이 주류를 이루고 있다는 점에 주목해야 한다.

우리 순천에 이토록 훌륭한 문학적 토양이 있었다는 사실을 아는 이는 그리 많지 않다. 이런 기회에 우리 순천의 역사를 새롭게 되새겨 보는 기회가 되었으면 한다.

순천 음식 이야기

어느 지역이든 역사가 있고 전통이 있다.

우리 지역 순천에도 역사가 있고 전통이 있다.

그러나 오랜 세월 동안 축적되어 이루어진 전통도 우리의 관심에 따라서 잊히기도 하고 새로운 것으로 태어나기도 한다.

우리는 흔히 순천을 맛의 고장이라고 자랑한다. 그러나 막상 순천의 대표 음식이 무엇이냐는 물음에 순천을 대표하는 음식이 이것이다. 라고 대답하기에는 딱히 자랑할 만한 음식이 없다.

그 이유는 여러 가지가 있겠으나 애당초 내놓을 만한 음식이 없어서 이기 보다는 전통을 보존하고 아끼는 의식들이 희박해서 기존에 있던 음식도 잊히지 않았는지 한 번쯤 생각해 볼 일이다.

1920년대까지 순천에는 비록 전국적으로 알려지지는 않았지만 유명한 음식이 몇 가지가 있었다고 하며 그 무렵 순천의 일반가정 음식 중에서 맛이 있기로 소문난 집은 초대 순천시장을 지낸 김성초의 집이었다고 한다.

일제 말기와 해방 무렵 동아일보에는 전국 맛 자랑, 멋 자랑이라는 고정란이 있었다. 그 당시 동아일보 장철호라는 기자의 취재로 순천의 남문다리 옆 전주식당과 주인아주머니가 2번에 걸쳐서 소개되어 일약 전국적인 명성을 얻게 되었다.

전주식당은 동아일보에 2번에 걸친 소개로 순천을 대표하는 음식의 중심지로 순천 음식을 맛볼 수 있는 식당으로 당시에는 통했다.

그 후 순천의 음식에 관한 이야기는 동아일보 장철호 기자에 의해 예원이라는 잡지에 다시 한번 소개되었다.

당시 소개된 순천의 음식 중에서 특히 참게를 이용해서 게장 담그는 법이 소개되었는데 순천게장으로 전국적으로 알려졌다고 한다. 순천게장은 구례 간전이나 상사에서 참게를 부탁하여 사 왔으며 당시의 음식으로는 무척이나 비쌌다. 순천게장에 대한 관심은 당시 전국적으로 대단하여 게장 담는 법을 알려 달라, 게장 다리 한 다리만 부탁한다. 등 게장을 직접 얻으러 오는 사례도 있었다고 한다.

참게장과 함께 당시 순천을 대표하는 최고급 요리로는 신선로와 족편이 있었다. 그러나 신선로는 순천에만 있는 것이 아니라 전국의 각 지방에 돈을 많이 가진 사람이나 유지들만이 맛볼 수 있는 음식이었다.

또한, 족편은 소의 족을 며칠 동안 고아 뼈와 살이 분리되고 그 분리된 뼈와 살이 액체가 된다. 그 후 액체가 된 것에서 기름을 걷어 내고 닭을 며칠 동안 삶아 살을 찢어 넣고 다시 끓인다. 이렇게 두 가지를 넣어서 삶는 과정을 반복하여 액체 상태의 것을 펴서 말린 후 실고추 등 고명을 얹어 완성을 시켰으며 당시 순천에서 최고의 요리였다.

그리고 또 하나 순천을 대표하는 음식으로는 고들빼기김치가 유명하였다. 고들빼기김치는 지금의 김치와 당시의 김치가 차이가 있었으며 지금의 김치는 음식문화가 서양화되어 가고 외지 인구의 유입으로 많이 변모한 형태이며 당시의 고들빼기김치는 지금보다 훨씬 쓴맛이 강하고 잎보다는 뿌리가 주재료였다고 한다. 당시 고들빼기는 전국 어디에도 없었으며 유일하게 순천에 서만 담가 먹는 것으로 중요한 자원 중의 하나이다.

지금 우리 순천에서는 순천만을 중심으로 낙안읍성, 송광사, 선암사를 하나로 묶어 쉬어가는 체류형 관광 자원으로 만들기 위해 큰 노력을 전개하고 있다.

관광은 경치를 중심으로 하는 볼거리도 중요하지만, 그보다도 더욱 중요한 것은 그 지역만의 고유한 문화를 느끼고 향유하는 것이 더욱 중요한 부분이다.

우리도 더욱더 발전된 미래의 관광을 위하여 우리 지역만이 가지고 있는 음식이나 문화자원들을 발굴하고 적극적인 마케팅에 나서야 할 때이다.

역사 속에 잊힌 시인 임학수

예로부터 순천을 포함한 남도 지역을 문화와 예술의 고장이라고 하여 예향이라고 불렀다. 내가 사는 순천도 많은 문인과 명창 그리고 예술인을 배출한 고장이다. 그 가운데서 특히 문학에 대한 전통은 다른 지역에서 볼 수 없을 정도로 우리나라 문단에서 괄목할 만한 성과를 쌓아 왔다. 하지만 문단에서 괄목할 만한 성좌를 쌓아 올린 문인들도 있는 반면에 잊힌 문인들도 있다.

1930년대부터 해방 전후 활발한 활동을 해왔으면서도 역사 속에 잊힌 시인이 있어 여기에 소개하고자 한다.

역사 속에 잊힌 시인은 바로 임학수 시인이다.

임학수 시인은 국권침탈 후 1911년 순천군 금곡리 214번지에서 태어나 순천 공립 보통학교를 졸업하고 경성으로 올라가 경성제일고보를 나와 순천사람으로는 최초로 서울대학교의 전신인 경성제국대학 예과에 입학하여 법문학부에서 영문학을 포함한 서구 문학 전반에 걸친 폭넓은 소양을 쌓았다.

임학수는 경성제대 시절 최재서가 가장 아끼던 후배로 1936년부터 1945년까지 경성제대를 거쳐 격동기를 살았던 시인이자 지식인이었다. 그는 1945년 경성제대 조교수를 거쳐서 전신여고, 배화여고, 한성상업, 성신여학교 교원으로 재직하기도 하였고 해방 후에는 서울대학교 사범대학과 고려대학교 교수를 지냈다.

1931년 동아일보에 시 '우울'을 발표하면서 시단에 등단하여 해방 후까지 활발한 활동을 해온 시인이다. 주요 작품집은 「석류」, 「팔도풍물시집」, 「후조」, 「필부의 노래」, 등의 시집이 있다. 그리고 창작 호라동 외에도 「현대 영시선」, 「일리어드」 그리고 디킨스의 「이도애화」 등을 번역하기도 하였다.

이처럼 활발한 시작 활동에도 불구하고 지금까지 우리는 임학수 시인을 잘 알지도 못하고 관심 또한 매우 미미하였다. 그런 이유로는 그의 시적 성취가 매우 높은 수준에 있지 않았다고 할 수도 있지만 일제 말기 그의 행적과 해방 후의 이데올로기에 편향된 문학 활동 또한 임학수에 관한 관심이 미약하게 된 이유가 아니었을까 추측되어 진다.

그리고 6·25 직후 남북 분단으로 인한 남북한 문학의 단절은 임학수에 대한 접근을 힘들게 한 요인이라고 여겨진다. 하지만 이러한 이유로 임학수의 문학이 우리의 관심에서 사라지고 매몰되어서는 안 된다고 생각 되어진다.

어쨌거나 그는 우리 지역 출신으로 일제 치하 격동기를 힘들게 살아간 시인이자 지식인 중 한 사람이다. 또한, 그의 첫 시집 「석류」에 실려 있는 '견우'라는 시는 당시 문단의 호평을 받는 등 서사시의 새로운 지평을 열었다는 평가를 받기도 하였다.

시인이자 영문학자인 임학수는 시작 활동뿐만 아니라 영문학자로서 서양 문학의 번역과 소개에 선구적 역할을 하였다. 임학수의 시작품은 동양의 고전과 서양세계의 결합을 시도하였고 「필부의 노래」와 「후조」를 펴냄으로써 기행 시와 산문시의 새로운 분야를 개척하기도 하였다.

여기에 임학수 시인의 시 한 편을 소개한다.

달이여 붉은 달이여
이제것 둥글더니만
어느덧 이루어지고 말았구나
오직사람과 역사의 성쇠도
너와 같더란 말이냐
눈 깜박하는 동안
구름이 하늘을 덮고
건너편 숲우엔

바람 소리만 시끄러웁네

〈달에게〉 전문

이 시는 임학수의 첫 시집 「석류」에 실려 있는 〈달에게〉라는 시이며 시인의 슬프고 고독한 심정을 서정적으로 노래하였다.

이렇게 임학수는 격동의 시대를 살아간 우리 지역 출신 지식인이었다. 역사적 소용돌이 속에서 그의 행적과 활동에 대하여 많은 것이 알려지지 않았으며 그의 생가터인 현재 금곡동 공마당 인근 일조식당 후정에 지역 문인들을 중심으로 임학수 시인의 생가터 표지석을 세운 바 있다.

하멜 표류기와 순천

우리는 일반적으로 모든 사람이 잘 알고 있는 지식이나 사실을 흔히 상식이라고 한다. 그러나 이런 상식들도 왜곡된 정보나 지식의 잘못된 전달로 진실이 아닌 것이 진실인 것처럼 받아들여지는 경우가 있다.

우리가 어려서부터 읽어온 하멜 표류기도 그런 것 중의 하나가 아닌가 싶다.

요즈음 하멜 표류기를 읽으면서 하멜 표류기에 대한 우리의 잘못된 인식을 발견하고 여기에 소개하고자 한다.

하멜은 1630년 네덜란드의 호르콤 이라는 도시에서 태어나 열강의 식민지 쟁탈 전쟁이 한창이던 시기에 동인도 회사의 선박 포수로 일했으며 1653년 스페르베르호라는 배를 타고 일본의 나가사키로 가던 도중 일행 36명과 함께 제주도에 표류하여 13년 20일이라는 짧지 않은 기간을 조선에서 보내고 일행 7명과 함께 간신히 일본으로 탈출하여 항해 과정의 여정인 하멜일지를 작성하였다. 원래 하멜일지는 문학적인 의도에서 집필된 것이 아니었다. 단지 하멜이 오랫동안 이교도의 나라 조선에서 지낸 13년 20일간의 기록을 토대로 자신이 근무한 동인도 회사에 제출하여 그동안의 급여를 받아 내고자 작성한 것으로 우리가 알고 있는 상식과는 거리가 멀다.

또한, 하멜일지 가운데는 조선의 풍속이나 군사제도, 지방 제도 등은 비교적 소상히 기록되어 있으나 여자에 관한 이야기는 전혀 언급이 없다.

그리고 지금까지 우리가 접하고 읽었던 하멜표류기는 영문판 또는 불어, 독일어 등을 우리말로 번역하였던 내용으로 원래 네덜란드어로 기록된 원본과는 다소 차이가 있다.

최근 전남대학교에서 네덜란드어로 된 하멜일지를 우리말로 번역하여 발표한 것과 기존의 하멜표류기와의 차이에서도 이런 점들을 알 수 있다.

하멜 일행이 표류하다가 제주도에 도착하여 한양으로 압송되고 훈련도감에 편입되어 강진과 여수의 병영에서 노역에 종사하였으나 비교적 융숭한 대접을 받고 지냈다.

그러면 우리가 알고 있는 하멜과 우리가 어떤 관계가 있을까?

하멜 일행은 임금의 배려로 한양에서 각기 다른 거처를 가지고 생활하였으나 우연히 청나라 사신들의 눈에 띄게 되어 이를 두려워한 조정 대신들의 주장으로 강진과 여수, 남원, 순천 등에

분산 수용하게 되었다. 이러한 일련의 과정으로 우리가 사는 순천에도 3명의 네덜란드인이 살게 되었다. 지금 시점에서 우리가 그 당시의 네덜란드인 3명의 행적을 추적하고 정리하여 그들의 후손들을 통해 네덜란드와 교류를 할 수 있다면 하는 생각을 해본다. 이미 여수와 강진, 제주도가 하멜을 통한 마케팅을 하고 있다.

21세기를 흔히 문화의 세기라고 말한다.

문화라는 높고 낮음의 문제가 아니고 고급과 저급을 논할 수 없는 것이다.

오랫동안 우리의 가슴을 타고 흐르는 생각들이 바위에 이끼가 쌓여 자라듯 문화가 되어 가는 것이다.

지금 우리도 우리에게 있었던 자원과 역사를 소홀히 하지 말고 溫故知新의 마음으로 한 번쯤 돌아보았으면 한다.

김광현

- 김광현은 전라남도 순천의 농촌마을에서 태어나 유년 시절을 보내고 순천대학교 대학원에서 현대문학을 공부하였다.
- 2001년 월간문학공간에 조약돌 외 4편의 시로 신인상을 수상하여 문단에 나와 개인시집 『새벽편지』, 『노을』, 『조약돌처럼』, 『순천만 그리고…』, 산문집 『어머니의 새벽』을 발표하였고, 『임학수 시 연구』 등 5편의 논문이 있다.
- 현재는 한국문인협회 회원, 한국공간시인협회 회원, 순천문협 회원, 전 순천문학 회장으로 활동하고 있으며 순천시청에서 공무원으로 퇴임하였다.

선암사 가는 길

박광영

담배를 꺼내 물었다. 오랫동안 피웠다가 끊기를 반복하면서 버텨왔다. 마음먹기에 따라 언제든지 끊을 수 있다는 나름의 자신감 때문일까, 여태 담배는 그만두지 못했다.

한숨을 내쉬듯 후하고 천천히 뱉어내는 연기 속에서 답답한 심정이 조금은 가시는 것 같았다. 연기를 내뿜는 순간에 한숨 돌리는 것이 마음을 가라앉히는데 도움이 된다. 잠시 머릿속에서 윙윙거리며 서로 먼저 봐달라고 아우성치는 프로젝트 여럿을 팔을 내저으며 쫓아냈다.

내일은 모처럼 쉬어야겠다고 다짐한다. 쉬는 날에도 마음 편히 쉬지 못하고 늘 쫓기는 듯 살아왔다. 이러다 건강을 상하면, 아니 이미 건강이 정상이 아니라는 것에 생각에 멈춘다.

봄을 재촉하는 듯 흡연부스의 창밖으로 이슬비가 내린다. 너머에 어렴풋이 보이는 멀리 산등성이의 윤곽은 흐려있다. 연이어 담배를 물었다.

작년부터 이어진 코로나로 인해 선암사 입구 주차장에는 차량이 적었다. 예년 같으면 길가에 봄까치꽃이 하나둘 보이기 시작할 무렵이면 겨울은 힘을 잃고 이윽고 동면을 끝내듯이 사람들이 야외로 나올 판이었다. 마스크를 쓴 적은 무리의 사람들이 발길을 재촉하듯이 매표소를 향하고 있다.

나는 차 문을 쿵 소리가 나게 닫고는 조수석에서 내린 아내와 함께 등산화 끈을 조인다. 주차장을 지나 선암사를 잠깐 둘러보고 조계산을 넘어갈 계획이다. 중간에 보리밥집에서 늦은 점심을 먹고 천천히 올라가기로 했다. 체력도 달릴뿐더러 어차피 서두르더라도 산행은 오십보백보인 까닭이다. 모처럼 아내는 바깥 공기를 쐬러 나오는 게 좋았는지 표정이 밝다. 집에 머물러 있으면 내가 이것저것 참견하는 잔소리에 늘 맞받아치다가 목소리가 높아지는 일이 다반사였다.

선암사로 올라가는 길은 여느 산사가 그렇듯 약간 오르막길이다. 왼쪽으로는 계류가 흐르고 승용차가 비켜갈 수 있는 넓은 길을 천천히 오른다. 땀이 나지 않을 정도로 아내와 발걸음을 맞추고 있다.

"선암사 올라가는 이 길은 언제 와도 참 좋아."

"그러게요. 운동 삼아 자주 오면 좋겠네요."

"요즘엔 일부러 시간 내서 운동하는 것도 쉽지 않고"

"그래요, 욕심부리지 않고 살면 되는데"

“뭐 욕심이랄 것도 없지. 살다 보니 욕심이 생기는 거겠지. 다른 사람과 함께 지낼 일이 없으면 스트레스도 없고, 욕심도 없는 거지”

“그렇게 살 수 있나요. 사람이 사람들과 힘들어도 부대끼며 살아야지”

“거 편한 소리”

아내는 곧 입을 다물었다.

우리는 선암사로 완만하게 굽어지는 길을 걸으며 선암사는 현대식으로 개조하지 않는 사찰이란 점이 마음에 든다는 이야기를 꺼냈다. 큰 절에 가면 템플스테이다 사찰의 발전이다 하면서 콘크리트나 대리석으로 산사 입구에 육중한 건물을 지어놓으니, 오히려 전통적인 산사가 주는 위로의 맛을 잃어버렸다는 것이다.

“당신은 세상에서 마음 편한 게 하나도 없는 것 같아요”

“꼭 그렇지는 않아, 나만의 시각이 아니라고. 하기야 선암사도 변하긴 변했지”

“세상에 안 변하는 게 있나요”

“변하지 않는 것도 있겠지. 사람들은 너무 쉽게 변하고”

“당신은 꼭 변하지 않는 사람인 것 같이 이야기하네요.”

“변하기는 해야 하는데 그 방향이 안 좋은 것 같기도 해서 때론 걱정이 들기도 하네. 사람은 변하고 당연히 나도 사람이니 변하는 것은 당연하겠지."

승선교와 그 옆에 위치한 강선루를 지났다. 약간 쌀쌀한 듯한 산의 공기가 마스크를 뚫고 들어오는 것 같다. 모처럼 나오니 공기가 좋다는 것을 느꼈다. 계곡과 산에 서있는 활엽수들은 긴 겨울을 머지않아 긴 겨울을 깨치고 새 잎이 돋아나기 시작할 것이다. 계곡 주변의 단풍나무들은 어제 비를 맞아서인지 물이 좀 오른 듯했다.

나는 겨울을 견뎌낸 나무들을 보면 대견하다는 생각이 들었다. 지난겨울은 무척이나 추웠다. 해마다 겨울을 견디면서 견딘 만큼 나이테를 만들어가는 나무들에 대해 사람들의 삶과 비교했다. 사람은 나이가 들면서 점차 견디는 인내심이나 내공이 줄어드는 것 같았고, 자신을 들여다보면 더욱 그 점이 맘에 걸렸다.

경사진 길에 접어들자 숨이 찼다. 담배 때문인가? 그러니까 회사를 나서면 담배 생각이 나지 않았다. 아내는 담배에 유독 민감했다. 담배 피우는 것을 숨기려고 했지만 눈치로 봐서는 아내도 잘 안다. 그리 강하게 이야기하지 않은 것은 나와의 충돌을 피하려는 아내의 지혜이기도 하다. 조계산 정상으로 올라가는 등산로에는 아마도 엘레지들이 피었는지도 모른다. 등산로 돌 틈 사이로 빼꼼하게 얼굴을 내밀었을 게다. 분홍빛 꽃잎에 알알이 점이 박혀있는 꽃이다. 이름이 이국적인 느낌을 주기도 하지만 순수한 우리말 꽃이어서 좋았다.

선암사로 들어가는 입구의 낡은 현판에는 태고종 선암사라고 적혀있다. 액자의 글씨보다 오히려 고된 세월의 흔적을 남기듯 남루한 현판 자체가 마음에 들었다. 잠시 계단에 멈추어서 현판을 들여다보자 아내가 말을 건넨다.

"당신 아주 오래전에 나한테 선암사에 관한 이야기해 줬죠?"

"언제?"

"결혼 전이던가, 연애할 때 같은데"

"내 기억에는 없는데"

"한밤중에 어떤 아가씨와 만났던 이야기"

"그랬던가… 한 30년 정도 묵은 건데. 별걸 다 기억하고 있네"

"저 샘물 나오는 곳에 가서 한 번 더 듣고 싶네요"

"아이고, 뭔 옛날이야기를 다시 들으려고 하나?"

나는 마스크를 손으로 누르고는 더 이상 말하고 싶지 않다는 모습으로 선암사 경내로 향했다.

그해, 내게는 되는 일이 없었다. 학교를 다녀야겠다는 생각은 있었지만, 집안 형편이 녹록지 않았다. 학교를 중퇴하고 스물셋의 나이에 직장생활을 시작했는데 좌충우돌이었다.

한번은 화장실에서 담배를 입에 물고 소변을 보고 있는데, 사장이 들어오더니 그 옆에 섰다. 나는 사장을 흘끗 한번 쳐다보고는 담배를 그대로 물고 피우고 있었다. 고개를 끄덕하고 인사를 하는데 사장의 표정이 그리 좋지 않았다. 아차 싶었지만, 담배를 입에서 뺄 수도 없고, 소변을 멈출 수도 없었다. 며칠 지나지 않아 진서에 대한 좋지 않은 소문이 돌았다. 사장님 옆에서 젊은 놈이 담배를 입에 물고는 인사도 안 하더라는, 딱 한마디로 싸가지 없는 녀석이라는 것이다.

나는 자신의 행동을 따져보면 뭐 억울할 것도 없겠지만, 마음과 달리 일찍 시작한 직장생활에서 견뎌내는 수밖에 없었다. 직장에서 하루하루 보내는 일상이 자신의 꿈이 사그러드는 것만 같았고, 뭔가 새로운 것에 도전해야 한다는 생각은 늘 하고 있었다. 첫 직장이 평생의 직장이 될 수도 있지만, 앞날이 뻔히 보이는 회사 생활에 몇 개월이 못되어 싫증을 내고 있었던 터였다. 이리저리 궁리해 보아도 뾰족한 탈출구는 없었고, 하숙비를 치루고 집에 돈을 보내고 나면 책 한 권 사는 것도 여러 번 고민해야 할 정도로 초라한 생활이었다. 그해 가을에 시작한 직장생활이 어느새 해가 넘어가고 있었다.

내가 배낭을 둘러메고 갑자기 조계산을 넘어보자고 한 것은 토요일 오후였다. 눈발이 간간이 비치는 날씨에 하숙집 방안에서 박혀있기에는 좀이 쑤신 것이다. 지리산 종주도 두세 번 했겠다, 조계산 같은 경우에는 그냥 캄캄한 밤이라도 찾으면 길이 보일 것이요 그렇게 넘어가면 되겠지라는 생각이었다. 뭐 별일 없을 거야, 겨울이고 눈발이 간간이 보이는 날씨이긴 하지만, 지리산을 이미 몇 번이나 종주했던 진서에게는 큰일은 없을 거라는 자신감이 있었다.

1번 버스를 타면 조계산 가는 데 선암사에서 내려 송광사로 넘어오면 된다는 이야기만 들었다. 말리는 하숙집 선배를 뒤로 하고 진서는 젊을 때 객기를 부려봐야지 언제 부리겠냐며 결국 고집을 피우고 순천 역전에서 버스를 탔다.

고향이 아닌 객지에서 지리도 잘 모른 채 버스에 몸을 맡기기로 했다. 겨울이라 어느새 해가 떨어져 점차 어두워져 가는 차창 밖을 보았다. 버스 천정의 희미한 불빛이 반사된 차창에는 진서의 퀭하고 불안한 얼굴이 반사되었고 그 밖으로는 점차 민가의 불빛이 하나둘씩 사라져갔다. 끝을 알 수 없는 어둠 속으로 기사는 버스를 몰고 갔다. 차 안에 있던 주로 노인네들이 한사람 두 사람 내리더니 어느덧 버스 안에는 기사와 나, 단둘만 남았다. 한참 어둠 속을 헤드라이트를 밝히며 운전하던 기사가 백미러를 보더니 조용히 말을 붙여 왔다.

"거… 젊은 양반 이 밤중에 어디 가요?"

"네 그냥 조계산 좀 넘어가 보려고 합니다"

"이 깜깜한 겨울밤에? 조계산을? 그전에 한 번이라도 가보셨소? 지금 눈발도 날리고, 아무것도 안보이는 밤에 혼자서 산을 넘는다고?"

기사는 짐짓 놀라는 체하면서 고개를 절레절레 흔들었다.

"네, 뭐 방법이 있겠지요."

"뭔 방법이 있겠소? 이 버스가 막차인데 내가 봐서는 종점에 도착하면 이 버스 타고 다시 내려가는 게 좋겠소."

"네 감사합니다만 제가 그전부터 작정했던 일이라 한번 해보겠습니다."

"허허 참, 젊은 사람이 못 알아듣네. 선암사에 누구 아는 사람이라도 있소?"

"아니요, 그냥 길로 올라가다가 도저히 못 가면 선암사 문이라도 두드리면 열어주겠죠."

"그것이 아닐 건데. 허어 이 추운 날에."

"걱정해 주셔서 고맙습니다만, 그전부터 조계산 이야기를 듣고 한번 가고 싶었습니다"

나는 지리산 종주의 경험을 떠올리며 조계산은 서너 시간 정도면 넘을 수 있을 것이라는 단순한 계산으로 자신의 걱정을 지우려고 했다. 끝을 알 수 없는 어둠 속을 버스는 올라가다가 종점에 도착했는지 회전을 했다.

"다 왔소, 여기가 종점이요"

버스에서 천천히 내린 나는 버스 밖으로는 온통 어둠에 싸여 있는 것을 보았다. 오직 어둠밖에 보이지 않았다.

'남자가 마음먹은 일은 해야지, 겁을 낼 필요는 없어' 나는 마음 속으로 다짐하면서 걱정하는 표정의 버스기사를 보고 고개를 꾸벅 숙였다. 버스는 잠깐 기다리는 듯하더니 부릉부릉 유난히 큰 소리를 내며 왔던 길로 내려갔다.

그리고 잠깐 사이에 어둠이 휘몰아쳤다. 차가운 겨울바람이 내 뺨을 때렸다. 모든 게 깜깜해졌다. 버스가 산모퉁이를 지나 사라지고 나니 불빛이라고는 전혀 없는 곳에 내가 서있었다. '아마도 가로등 불빛이 하나쯤은 있겠지, 그러면 이정표를 찾아보고 올라가면 되는 거야' 쉽게 생각했던 나는 막상 어둠 속에서 혼자 남으니 막막해지기 시작했다. 왜 이렇지, 왜 이렇게 깜깜한 거야. 잠시 서서 정신을 차리고 사방을 둘러보기 시작했다. 아마도 산속이라서 그런지 어둠에 눈이 익기까지는 한참의 시간이 걸렸다. 주변을 돌아보니 군데군데 흙더미들이 보이고 아마도 큰 공사를 하는 현장 같았다. 내렸던 곳은 너른 주차장 같았는데 그곳을 중심으로 이리저리 살펴보다가 겁이 나기 시작했다. 다행히 눈은 그친 듯 밤 하늘에 별이 하나둘씩 보이기 시작했다.

조계산은커녕 어디로 가야 하는지 방향 감각도 없어지고, 어둠 속에서 날이 밝기만 기다려야 하는지, 아니면 버스가 내려간 도로를 따라서 걸어 내려갈까 잠시 고민했다. 도로를 따라 내려가다 보면 사람 사는 동네가 나오겠지, 그러나 산속의 어둠은 상상 이상이었다.

그때였다. 버스가 내려간 산모퉁이 쪽에서 불빛이 보이는가 싶더니 차 한 대가 올라왔다. 나는 내심 반가웠다. 어떤 차인지는 몰라도 어떻게 해야 할지 모르는 상황에서 마치 구세주를 만난 것 같았다. 저기 차를 타고 온 일행과 함께 움직이면 되겠다 싶어서 차가 오는 방향으로 걸음을 옮겼다. 택시인 것 같았다. 차는 좀 떨어져서 사람 하나를 내려주는가 싶더니 바로 헤드라이트를 돌리며 도로를 따라 내려가 버렸다.

어, 이 어둠 속에 어떤 사람인 거야, 근처에 인가도 없는 것 같고, 선암사가 있기는 할 텐데 혹시 선암사의 스님인가? 진서는 어둠 속에서 사람을 만나는 것이 한편으론 반갑기도 하고 또 한편으론 두려운 마음도 들었다. 어쨌든 저 사람은 나보다는 여기에 대해 잘 알겠지라는 생각을 하며 천천히 다가갔다.

"저기요. 여보세요."

멀찌감치 떨어진 곳에서 어쩔 줄 모르고 서 있던 사람이 자기를 부르는 소리에 깜짝 놀란 듯 소리 나는 쪽으로 몸을 돌렸다. 실루엣을 보니 여자였다. 어둠 속에서 찰랑거리는 긴 머리가 느껴졌다.

"..."

"저기요. 놀라지 마시고 저도 사람입니다"

여자가 후 하며 가슴을 쓸어내는 듯했다.

"이 오밤중에 여기에는 어떻게 오셨나요. 저는 등산객인데 조금 전에 버스를 타고 와서 내렸더니 온통 어둠뿐이라 어떻게 할지 모르고 서 있었네요. 혹시 이 근처 마을에 사시는 가요"

"아 그래요?"

여자의 차분한 음성에는 이 지역이 아닌 경상도 억양이 묻어나왔다.

"저도 여기가 처음입니다"

"두 사람 모두 초행인데 이 밤중에 만났네요. 아무튼 저는 혼자 있다가 겁도 나긴 했었는데 일행이 생긴 것 같아 다행입니다. 근데 밤중에 어떻게 여길 오셨어요?"

나는 주변에 앉을만한 평상 하나가 어둠 속에서 보이자 우선 숨을 돌리고 찬찬히 생각해 보자며 자리를 권했다. 여자는 말이 없었다. 아마도 이 겨울 밤중에, 산 속에서 누구도 의지할 사람이 없는 상태에서 전혀 예상치 못한 젊은 남자를 만났으니 오죽했으랴 싶었다.

"이쪽 지역에 사는 분은 아닌 것 같은데요"

"네 저는 마산에서 왔어요"

"마산에서요?"

"네"

"무슨 일로… 물어봐도 될까요"

"오후에 송광사에 갔다가 다시 택시로 선암사까지 왔어요. 택시에서 내리면 바로 선암사 사찰인 줄 알았는데…"

"제 배낭에 초코파이랑 비스킷이 있는데 좀 드실래요? 황망하게 혼자 있을 때는 배가 고픈 줄도 몰랐네요."

"아니요. 생각 없어요…."

나는 배낭에서 초코파이를 꺼내어 씹었다. 그냥 어둠 속에서 긴장을 풀기 위한 것이었는지도 모른다.

"아마, 선암사가 그리 멀지 않는 곳에 있을 것 같네요. 어떻게 해야 할지 몰라서 우두커니 있었는데, 아가씨? 아가씨 맞죠? 오시니까 제가 마음이 좀 놓입니다. 밤중에 겁 없이 조계산을 넘으려고 했는데 포기하고 선암사를 찾아가는 게 좋을 것 같습니다"

"부탁드릴게요. 선암사 찾는 길까지 동행해 주시면."

"저기… 아가씨도 처음이시지만, 저도 초행길이라 어디가 어딘지 전혀 모르겠어요. 아까 주변을 둘러보니 공사한다고 여기저기 흙무더기가 쌓여있는데 제가 한 번 길을 찾아보겠습니다. 아마도 그리 멀지 않은 곳에 선암사가 있을 테죠. 잠깐 배낭을 내려놓고 제가 주변을 둘러볼게요"

나는 아닌 밤중에 절을 찾는 젊은 여인이 겁이 나기도 했지만, 그래도 어둠 속에서 혼자 있을 때보다는 낫다는 생각에서 용기를 얻었다. 플래시를 가져오지 않은 게 후회되었다. 밤중에 산을 타려면 필수품이었겠지만, 어둠 속에서 희멀건하게 길이 보이면 따라가면 된다라며 스스로 고집을 피웠던 것이다.

나는 숲쪽으로 난 길을 발견했다.

"저 아래쪽에서 차가 올라왔으니 절은 아마도 위쪽에 있을 것이고, 그리 멀지 않을 겁니다. 보통 절은 산 입구에서 조금만 올라가면 있지 않나요?"

"네 그렇기는 한데"

여자는 일어서더니 배낭을 메고 출발하려는 진서의 팔을 잡더니 갑자기 팔짱을 꼈다. 어둠 속에서 희미하게 여자의 얼굴이 다가왔다.

"무서우세요?"

"네"

"걱정하지 마시고, 일단 찾아봅시다."

여자도 어둠이 눈에 익었는지 사방을 둘러보고는 이 상황에서 믿을 사람은 나 말고는 없다는 것을 알아챈 것 같았다.

"얘기나 하면서 걸어가시게요. 도대체 이 밤중에 마산에서 여기까지 오신 이유가…"

"저어 혹시 사람으로 둔갑한다는 여우는 아니죠?"

훗 하며 여자가 살짝 웃었다. 긴장이 풀어지는 듯했다.

"저도 택시에서 내려서는 깜짝 놀랐어요. 오늘 아침에 마산을 출발해서 송광사에 갔었어요. 서너 해만에 동생을 찾았다는 기별이 왔었거든요. 송광사에 있다는 소식을 듣고…"

"아 그래요. 동생분이 출가하셨나요?"

"집안에서 오랫동안 찾았었는데. 송광사에 있다는 소식을 듣고 제가 찾아보려고 왔네요. 송광사에서 가봤는데 선암사의 암자에서 생활하고 있다는 이야기를 해주시데요. 바로 택시를 불러서 선암사로 오게 된 거예요. 이 밤중에 도착할 줄 알았으면 내일 올 건데."

"그래서 저를 만났네요. 원래는 주말에 광주 집에 가거든요. 눈도 내리고 해서 다음 주에 가려고 했다가 할 일이 없어졌잖아요. 산을 좋아해서 그동안 조계산을 넘어야겠다는 생각을 갖고 있었는데 갑자기 오늘 밤에 산행을 하고 싶었어요. 따지고 보면 딱 십 분 사이로 아가씨와 제가 선암사 찾아가는 길에서 만난 거네요"

길은 희미하게 앞으로 뻗어 있어서 걸을 수 있었다. 나는 돌부리가 발에 걸리지 않도록 되도록 천천히 걸었다. 어쨌든 밤중에 아가씨와 팔짱을 끼고 걷는 것은 기분 괜찮은 일이다. 이제 하늘도 개어서 우거진 나무 사이로 별들이 보였다. 주변이 어두울 수록 별은 더 빛나 보인다. 겨울 밤하늘의 별들은 마치 재잘거리면서 내려다보는 것이었다. 나는 알퐁스 도데의 소설 '별'이 떠올랐다. 아마도 저 별들은 선암사로 올라가는 길을 밝혀주기 위해 빛을 내고 있는지 모른다.

몇 굽이를 돌았는지, 선암사는 어둠 속에서 어디에 있는지 좀처럼 모습을 드러내지 않았다. 오랫동안 걸은 느낌이 들었다. 내 옆에서 바로 성숙한 여인의 향기가 다가왔다. 코로 들어오는 향기에 한편으로는 마음이 편하지 않았다. 대화를 이어나가야 했다.

"동생은 어떻게 찾으셨어요?"

"동생이 고등학교 다닐 때였는데 갑자기 집을 나간 거예요. 자기를 찾지 말라는 편지만 남겨놓고, 하루아침에 집안이 발칵 뒤집힌 거죠. 오랫동안 찾으려고 했는데 쉽지 않더군요. 얼마 전에 출가했다는 소식이 집에 왔었어요. 그리고 수소문 끝에 송광사에 있다는 얘기를 들은 거죠. 그런데 선생님은 어쩌다 이런 밤중에… 여기를 오게 되셨나요"

"글쎄요. 아가씨를 만나려고 이렇게 된 건지도 모르죠. 아직 모르겠어요. 회사 생활을 하는데 뭐 좌충우돌이죠. 산에 가면 마음이 편해요. 지리산을 좋아하는데 힘든 일이나 어려운 결정이 있으면 지리산을 종주하곤 했습니다. 그렇다고 뾰족한 답을 찾는 것은 아니지만, 이틀이나 사흘을 그냥 산만 보고 걸으면 마음이 편안해져요. 그런 상태를 원하는 거죠. 지리산을 한번 다녀온 뒤로는 산을 좋아하게 됐지요."

"선암사가 왜 이리 멀까요. 다른 절하고는 다른 것 같네요."

한 굽이를 돌자 저 산속 어딘가에서 불빛 하나가 보였다.

"아, 살았다. 저기 불빛이 보이네요"

여자는 가만히 팔짱을 풀었다. 불빛이 보이자 마음이 안정이 된 모양이다. 나는 모르는 아가씨와 조금 전까지 어깨를 붙이고 팔짱을 끼며 걸었는데 왠지 서운한 느낌이 들었다.

여자는 무릎 아래까지 올라오는 부츠를 신고 있었다. 괜찮은 집안의 아가씨인 것 같다는 생각이 들었다. 마음속에서 조금씩 끓어오른 욕망도 있었지만, 저 숲 속, 고요한 밤하늘 위에서 빛나는 별들을 보았다.

불빛이 보이니 길이 더욱 환해졌다. 깜깜한 어둠 속에서 멀리 보이는 불빛은 사람을 안심시키는 힘을 가지고 있었다. 두 사람의 발걸음이 조금씩 빨라졌다.

"저는 선암사에 도착해서 얘기를 하면 잠시 지낼 수 있을 텐데. 선생님은 어떻게 하실 건가요?"

"저야 밤에 조계산을 넘으려고 작정했으니까, 선암사에 바래다 드리고 나서 그냥 산으로 올라갈까 싶어요. 절에 사람이 있을 테니 조계산 정상으로 가는 길을 물어보면 되겠죠. 이러나저러나 아직 젊으니까"

"그러지 마시고 저와 함께 선암사에 들어가셔요. 겨울밤이라 추운데 한 번도 가보지 못한 산길을 어떻게 가시려고요? 일단 오늘 밤은 선암사에서 쉬시고 내일 새벽에 올라가시면 되지 않을까요?"

"선암사에서는 제가 쉴만한 곳이 있을지 모르겠네요."

"아마 있을 거예요. 오늘 밤에 생면부지의 저를 이렇게 도와주셨으니 선암사에서도 쉬고 가실 수 있도록 해주실 거예요"

나는 여자의 말에 못 이긴 척 선암사에서 가능하면 쉬고 내일 새벽에 출발하는 편이 낫겠다는 생각을 했다. 절에 대해서는 잘 모르기는 하지만, 여자와 함께 가면 필경 절에서 모른체 하지는 않을 거라는 생각이 들었다.

“참 하늘의 별들이 밝네요. 산이나 나무에 가려서 많이 보이진 않지만, 그래도 환하게 반짝이죠?.”

“별들이 앞으로 우리가 가는 길에도 늘 반짝여주면 좋겠네요.”

“하하, 우리네 삶이 별처럼 반짝인다면 좋지만, 그러지 않은 경우가 더 많겠지요”

얼마나 길을 따라 올라왔는지 모른다. 거의 한 시간 정도 선암사를 찾아서 올라왔을 거라고 생각했다. 그런데 시계를 보니 그렇게 많은 시간이 지나지는 않았다. 문득 가로등 불빛 아래에 돌담이 눈에 들어왔다. 선암사에 도착한 모양이다. 고요한 밤중에 돌담은 빛을 받아서 빛나 보였다.

“다 왔네요. 이젠 대문만 찾으면 되겠네요.”

나는 불빛에 드러난 여자의 얼굴을 바라보며 미소를 지었다. 아름다웠다. 옷차림새가 단아하면서도 기품이 있었다. 여자는 얼굴을 환하게 펴면서 머리를 약간 숙였다. 돌담을 따라서 걸으니 솟을대문이 하나 보였다.

나는 한참 문을 두드렸다. 조금 있다가 인기척이 났다. 문을 열고 못마땅한 표정으로 빼꼼히 내다본다. 나이가 적잖은 노인

같은데 스님의 옷차림은 아니고 절에서 일하는 사람 같았다.

"무슨 일이요. 이 밤중에."

"아, 이 아가씨가 선암사에 있는 동생을 찾아왔습니다. 저는 우연히 동행하게 되었고요."

여자가 거들었다.

"동생을 찾아 송광사에 갔다가 선암사까지 오게 되었습니다. 동생이 선암사에 있다고 하더군요."

노인은 잠깐 기다려보라면서 안에 가서 물어보겠다고 했다. 잠시 기다리는 동안 나는 혹시나 선암사에서 받아주지 않으면 어떻게 할까라는 걱정이 설핏 들었다. 그래도 중생을 구제한다는 스님들이 사는 곳인데, 밤에 길을 잃은 사람들을 모른척 할 리는 없을 거라며 혼자 중얼거렸다.

한참을 기다리다 문이 다시 열렸다. 이번에는 젊은 스님 한 분이 노인과 함께 나왔다. 스님은 합장하면서 고개를 숙였다.

"밤중에 여기까지 올라오시느라 고생하셨습니다. 어서 들어오십시오."

나는 마스크를 끌어올리며 뒤에서 묵묵히 따라오는 아내를 돌아 보았다. 아마도 아내는, 내 마음속 깊이 묻어둔, 겨울밤에 선암사 찾아간 얘기를 기억하고 있었나 보다. 아주 오래전이라 바랜 기억으로 남아있지만, 어두운 숲길에서 별을 보고 따라갔던

일은 지금도 생생하게 그릴 수 있을 것만 같았다.

"그 후에 아가씨랑 어떻게 됐어요?"

"어떻게 되긴? 나는 새벽에 일어나서 조계산으로 향했지. 새벽 3시쯤 되었을까? 노인네 자는 방바닥이 너무 뜨거워 잠이 깼지. 그때까지 절에 대해서 아는 것은 전혀 없었어. 겨울 이른 새벽인데 스님들이 붉은 옷, 가사라고 하던가, 옷을 걸치고 경내를 돌고 있데. 그 새벽에는 눈발이 비쳤는데 목탁을 두드리면서 경내를 도는 그 모습이 너무 경건했었어. 기막힌 우연이고 인연이라고 하겠지. 한 스님이 그러시대. 부처님이 마산에서 온 그 여자를 보호하기 위해 나를 불러들였다는 이야기를 하던데. 나처럼 보잘것없는 사람을 말이지"

"보잘것없기는요"

아내가 반문했다. 나는 빙그레 웃었다.

선암사 경내에 들어서니 매화 고목에 꽃이 흐드러지게 피어 있었다.

박광영

- 계간 《시와정신》 등단 (2014)
- 시집 『그리운 만큼의 거리(2018)』, 『발자국 사이로 빠져나가는 시간(2022)』
- 산문집 『제대로 가고 있는 거야(2021)』

숨겨진 순천의 보물, 이곳 외 2편
- 개펄바다를 보며 꾸는 꿈

이승훈

새벽 5시 반, 한여름에는 환하였지만 어느덧 8월이 끝나가니 어둑새벽이다. 이 시간 서울 안양천 길이야 사람들이 북적거리겠지만 고향 시골 마을 길은 한두 사람 정도나 만날까.

마을 입구 지하도를 벗어나 달리기 시작한다. 어린 시절의 웃음소리, 발걸음 소리, 술 취한 동네 어른들의 고함, 농부들의 고된 농사일 소리들로 포장된 신작로 코스이다. 처음 시골에서 달리기 시작할 때 300미터 남짓한 철길 건널목까지 뛰는데도 숨이 찼다. 철길 건널목과 지금은 거의 차량 통행이 없는 옛날 도로를 건너면 농로가 시작된다. 차량이 통행할 수 있을 만큼 넓은 농로이다. 이슬을 머금은 벼들이 스멀스멀 품어내는 기운을 느끼며, 농로는 달릴 만한 거리다. 벌써 고개를 숙여가는 벼들도 있다. 개구리 울던 때가 엊그제 같은데 폭염과 태풍에도 아랑곳없이 저리들 무성하게 자랐다. 농부의 발소리를 듣고 자란다는 벼들이니, 헐떡이는 내 발걸음 소리도 들을 줄 안다.

논강의 합도(合道) 지점에서 개펄강 끄트머리 돼지산을 향해 강둑을 달린다. 굽이굽이 흐르는 개펄강을 닮은 강둑길, 제법 밀물이 차올라 바닷새들이 날아와 있다. 도요새 소리는 언제 들어도 풍경소리처럼 맑기만 하다. 저 멀고 먼 섬들에서 불어오는 바람을 숨 가쁘게 들이마시며 달린다. 아침으로 제법 선선해졌다. 마을 지하도에서 돼지산까지는 1.6Km, 2Km를 채우기 위해 되돌아 뛰다가 다시 돼지산으로 돌아왔다.

순천에는 널따란 개펄 바다가 펼쳐진 마을이야 수두룩하겠지만 우리 마을 덕산처럼 강 도랑을 따라 밀물과 썰물이 흐르는 곳은 유일하지 싶다. 마을 앞에는 바다에서 2Km 남짓 개펄강이 구불구불 흘러왔다 흘러간다. 내가 보기에는 바로 이곳이 보석이다. 조금만 가꾸면 순천만 습지보다 훨씬 의미 있는 생태 공간이 될 것이다. 돼지산을 돌아 용두 마을로 이어지는 산책길을 만들고, 신안 천사대교처럼 용두에서 장구섬으로, 장구섬에서 건넛마을 거차로 다리를 연결하면 엄청난 개펄 생태 허브가 되리라 생각한다. 물론 돼지산 앞까지 개펄은 모두 습지보호구역으로 지정해야 한다.

사실 진짜 보물은 수십 년 동안 사람들 발길이 없는 건너편 강둑길이다. 그 강둑길은 오래전 염전 저수지로 썼던 연못들이나 새우 양식장을 끼고 있다. 이쪽 강둑보다는 더 구불구불하여, 천천히 굽이쳐 걷는 미학을 품었다. 이쪽 강둑도 마찬가지지만, 나무를 심어 그늘을 만들고, 꽃을 심는 등 그 길도 잘 다듬으면 그야말로 최고의 개펄 둘레길이 될 것이다. 다리가 놓이면 그 길은 족히 20~30Km가 넘지 싶다. 길의 8할은 굽이굽이 걷는 길이다. 아무 데서나 들어설 수 있는 길이다. 성급한 마음은 내려놓은 채 천천히 그리고 천천히 살아가는 법을 배우게 하는 길이다. 세상사 한 걸음만 늦추면 성낼 일도, 다툴 일도 드물다. 걷다 보면 생각을 깊게 하고 마음을 다스리는 길이다.

마을 앞 개펄은 갈대나 함초 또는 퉁퉁마디, 나문재가 없는 알몸을 그대로 드러내고 있다. 다른 지역 개펄과는 차원이 다르다. 개펄을 터전으로 살아가는 생명체들의 바쁜 몸짓들이 바로 눈앞에서 펼쳐진다. 개펄은 또렷하게 숨을 쉰다. 강둑을 걷다 보면 개펄의 숨소리가 들린다. 개펄 위에서 쉼 없이 움직이는 짱뚱어, 농게, 칠게, 고둥이 지천이며, 청둥오리와 같은 겨울철새와 두루미, 도요새 등 바닷새들의 유유자적한 먹이 질을 바라볼 수 있다. 순천만 습지의 철새 도래지가 가까워서 그런지, 겨울철새가 점차 늘어난다. 심지어 흑두루미조차 날아온다.

물때마다 수위가 다른 강물이 만들어 내는 풍경이 수묵화처럼 그려진다. 일출의 햇살을 받는 강물이나 개펄은 눈부신 황금빛으로 이글거린다. 하지만 아무리 황금빛이 강해도 개펄의 짙은 수묵화를 지배하지 못한다. 개펄은 컬러 사진을 찍어도 자신을 흑백으로 연출한다. '내가 사진을 흑백으로 찍었나?' 할 정도이다. 찬란한 황금빛이 개펄의 검은 무게감을 짓누르지 못한다. 어느 수묵화가도 개펄의 농밀한 수묵화를 뛰어넘지 못할 것이다. 개펄 아침 풍경을 스마트폰으로 찍어보면 그저 신비로울 뿐이다. 왜 사진작가들은 이 보석을 못 찾은 것일까 싶기도 하다.

거기다 아련하게 떨어진 섬들이 온갖 상상을 자극한다. 주변에서 쏟아내는 불빛이 없으니, 밤이면 별들이 쏟아질 듯 총총하다. 멀리서 섬들이 보내오는 불빛들은 때론 눈물이 되었다가 때론 그리움이 된다. 마음속에서 이별의 스토리텔링이 슬프게 그려지기도 한다.

강둑을 쌓은 바위들을 가만 들여다보면, 화려한 꽃들이 피어 있다. 아니, 꽃들이 박혀 있다는 표현이 맞을 듯싶다. 이 꽃들을 나는 종종 숨겨둔 보물 꺼내 감상하듯 한다. 마을 앞은 말 그대로 개펄 정원이다. 이곳에서 개펄은 신의 흙이라는 걸 깨닫게 된다.

이곳이 가꾸어진다면 구간마다 사람의 정서를 충만케 할 스토리텔링을 만들 수 있다. 도시 생활에서 지친 이들이 스토리텔링을 음미하며 힐링할 이곳이, 언젠가는 빛나는 보석이 되었으면 하는 바람이다.

* 순천시 별량면 두고 덕산

순천으로 떠나는 치유여행

요즘은 작은 도시에서도 '마음치유'라는 간판을 쉽게 볼 수 있다. 이는 세상살이 하며 받은 상처로 마음의 병을 얻은 이들이 적잖다는 뜻이다. 마음의 병은 감기 떨어내듯 쉬 치유되는 게 아니다. 적어도 여러 해가 걸린 내 경험상, 병든 마음은 자연을 통해 치유하는 게 가장 이상적이었다.

얼마 전 태풍 다나스가 아랫녘을 뒤흔들 때, 후배인 김광현 시인의 안내로 이상범 원로 시인과 선암사와 순천전통야생차 체험관을 다녀왔다. 단 몇 시간 머물렀으면서 순천전통야생차 체험관과 선암사를 다 말할 수는 없지만, 적어도 나는 이곳이 우리나라 최고의 힐링 공간임을 금세 알 수 있었다.

내게는 오랫동안 더께처럼 두려움이 쌓여 있었다.

어둠 속으로 들어가서야, 나는 그 두려움의 실체를 보았다. 밤이면 온수동 사무실 옆 커다란 운동장조차도 걷지 못할 만큼 두려움의 무게는 나를 짓누르며 빙의해 있었다. 이후 조금씩 밤길을 걸을 때마다 그 두려움을 스스로 심각하게 느꼈다. 치유가 필요한 병이었다. 내 안에서 이를 몰아내야 살 거 같았다. 두려움의 극복은 나를 살리는 길이었다.

세상을 살아가며 겪어서는 아니 될 가족사와 삶을 제대로 경영하지 못해 쌓인 이 병은, 돈 한 푼 없이 출판사를 시작하며 더욱 깊어졌다. 출판사 창업 이후 한 해가 지나자 위기가 일상이었다. 사무실과 배본처 임대료, 직원들 봉급, 거래처 결제 등등이 사방에서 옥죄였다. 우리 통장은 밑 빠진 독이었다. 겨우 하나를 해결하면 곧장 또 다른 것이 숨통을 조였다. 어떻게든 살아남아야 하는데, 돈 대신 두려움만 쌓여갔다. 매일 빚단련을 당하며 자존심이 다치는 게 두려웠다. 핸드폰 벨 소리가 울릴 때마다 깜짝깜짝 놀랐다. 온갖 부정적인 생각이 나를 지배하였다.

온수동에서 두려움을 무릅쓴 채 가로등도 없는 밤길을 걷다가, 사무실을 지금의 문래동으로 옮기 후로는 주말을 이용해 안양천 밤길을 다섯 시간씩 걸었다. 주로 밤 아홉시부터 새벽 두 시까지였다. 내 안의 어둠을 어둠으로 다스려갔다. 차츰 어둠 속에서 빛을 찾고 평화를 즐기며 걷게 되었다. 갑자기 나타나는 어둑서니나 깊은 겨울밤 새청을 지르며 날아오르는 왜가리와 맞닥뜨리면 쓰러질 듯 소스라치던 내가, 밤길을 걷다 해찰을 부리는 여유를 갖게 된 것이다.

이 밤길을 걸으며 자신을 다스리기 전에는 한 달 후에나 닥쳐

올 일인데, 벌써 한 달 전부터 근심을 앓기 일쑤였다. 그러다가 보름, 일주일로 근심하는 기간이 줄어들었다. 뱃심이 늘었다고나 할까. 끝내 아무 일 없는 하루가 될 것을, 지레 걱정하느라 에너지를 빼앗기며 산 셈이다. 이젠 눈앞이 캄캄해지는 일이 한 사흘 전이라도 아직도 '사흘이나 남았네.' 한다. 어떤 어려움이든 '잘될 거야'라는 믿음이 커진 것이다.

선암사 입구에서부터 천천히 걸었다. 흙길은 신작로처럼 넓었다. 하늘이 보일 듯 말 듯한 넓은 숲 터널이었다. 터널 안으로 푸른 냄새가 쏟아져 내렸다. 계곡을 끼어 내내 물소리를 들으며 올라갔다. 비가 내려 새소리는 없었지만 물소리만으로도 마음이 울렸다. 천천히 그리고 쉬어갈수록 숲의 정기가 나를 감쌌다. 조계종과 태고종의 최고 사찰인 송광사와 선암사를 품고 있는 조계산은, 신령한 기운이 가득할 수밖에 없다. 두 사찰은 천년이 넘는 숨결이 이어지는 곳이다. 거대한 양대 사찰에서 울리는 목탁 소리와 독경과 더불어, 1천 년이 넘도록 불심이 스며든 산이 조계산이다. 얼마나 많은 수행자와 세인들의 고뇌와 번민이 다스려졌을까. 불심과 하나 된 조계산 자체가 사찰이며 부처님이요, 보물이라는 생각이 들었다. 돌멩이 하나, 나뭇잎 하나에도 우리는 가질 수 없는 기운이 흐르는 거 같았다. 세속적인 말 한마디조차 이 숲에서는 불경스러워 침묵을 이어가며 걸었다. 마음은 자연스레 숙연해지고, 영육이 산화되어 숲속으로 스며들었다. 불어난 계곡물이 하늘을 메운 숲을 울렸다.

안양천 밤길에서는 묵주기도를 하며 걸었었다. 하지만 금세 해매가 끼어들어 분탕질을 쳤다. 그 시간만큼은 세속에서 벗어나고 싶었지만, 그럴수록 근심은 태풍처럼 어둠 속 나를 흔들어대곤 하였다. 사로잡힌 세속에서 벗어나려 애쓰지 않아도, 선암사 숲길에선 어떤 분심(分心)도 없었다. 흔들리는 이파리처럼 가벼워진 마음이 숲길을 둥둥 떠가는 듯하였다.

숲길을 걷자니 가수 '단야'가 부른 노래 가사가 떠올랐다. '마음 치유가'라고나 할까.

다시 시작처럼

땅거미가 밀려오면 하루 깃을 접고 / 숲속 같은 은행나무 푸른 보금자리 / 참새들도 지쳤는지 몸을 뒤척이네 / 해매 낀 듯 흔들리는 우리 티끌세상 / 마음 잃고 길을 잃어 어디로 가나 / 꿈을 잃고 풀기 없이 어디로 가나 / 다시 시작처럼 꿈을 일으켜요 / 윤슬 같은 당신 영혼 눈이 부시도록.

웃음살은 간 데 없고 거친 바람 소리 / 꿈마저도 앵돌아진 메마른 세상 / 마음 잃고 길을 잃어 어디로 가나 / 나를 잃고 풀기 없이 어디로 가나 / 다시 시작처럼 나를 일으켜요 / 하늘 닮은 내 몸엔 빛이 담겨 있어 / 푸르른 바다, 힘찬 브리칭, 그들처럼 우꾼하게.
다시 시작처럼 꿈을 일으켜요 / 어둑새벽 일어나 여명을 보며 / 다시 시작처럼 나를 일으켜요 / 동살 퍼지는 아침, 맑은 기운 받아 / 다시 시작처럼 나를 일으켜요 / 휘진 어깨를 펴고, 다시 추슬러요 나를!

안양천 밤길에서 성가와 함께 이 노래를 무던히 듣고 다녔었다. 살아가는 날이 찌뿌둥하고 힘들 때, 이 노래 가사를 음미하며 선암사로 오르면 기운이 우꾼하게 솟구칠 듯도 하다. 휘지고 거칠어진 마음을 정화하거나 마음의 병을 치유하고자 이곳을 찾는다면 선암사를 먼저 들르는 게 낫지 싶다. 선암사 오르는 길 오른쪽에 있는 전통야생차 체험관은 선암사에서 7~8분 못 미치는 곳이다.

선암사는 말 그대로 천년 고찰이다. 사찰 뒤꼍이며 경내 나무 하나, 돌담, 돌계단 하나 관광하듯 스치고 말 일이 아니다. 시간을 완전히 버린 채, 걷는 듯 마는 듯하며 구석구석 느끼다 보면 선암사 기운이 마음 깊이 흘러들어 상처들을 어루만져 줄 것이다. 조계산과 천년 고찰의 정기가 자신을 사로잡는다는 걸 느끼게 된다. 부려 놓으려 안 해도 자신이 부려지는 곳이었다.

선암사 사유를 끝내면 다음 코스는 깊은 산중에서 하룻밤 묵을 전통야생차체험관이다.

이번에는 이상범 시인의 녹차 시집 출간을 위해 전통야생차체험관을 찾았지만, 영육의 쉼을 얻기 위해 다시 이곳을 찾는다면 선암사 입구에서부터 이곳을 떠날 때까지 묵언을 하며 걷고 지냈으면 한다. 선암사가 경이롭고 숙연한 곳이라면, 전통야생차체험관은 쉼의 환희를 주는 곳이다. 층층이 몇 채의 전통가옥으로 이루어진 체험관은 사찰 같은 모양새다. 본래 순천은 차 고장이다. 사람들은 잘 모르지만 특히 허균이 사랑하였다는 '순천차'는 예전부터 유명하였다. 순천 승주읍에는 신광수라는 차명인이 차밭을 운영하고 있기도 한단다.

전통차 체험관이니 계절마다 다양한 프로그램이 있겠지만, 전통야생녹차 맛과 향을 음미하며 힐링 시간이 주어진다면 내게는 그것이 전부일 것이다. 이곳에서 만난 차의 맛과 향기는 더 표현해 무엇 하랴. 사방이 탁 트인 전통 한옥 차방에서 바라보는 숲속 정취가 더해 영혼과 육신을 맑히는 차 시간을 더욱 평화롭게 하였다.

어느 절 주지스님이 마당 한가운데 큰 원을 그려놓고는 동자승을 불렀다.

"내가 마을을 다녀왔을 때, 네가 이 원 안에 있으면 오늘 하루

종일 굶을 것이다. 하지만 원 밖에 있으면 이 절에서 내쫓을 것이다."

동자승은 난감할 수밖에 없었다. 가뜩이나 배가 고픈데 원 안에 있자니 온종일 굶어야 하고, 그렇다고 원을 벗어나면 절에서 쫓겨날 신세였다.

마을로 떠났던 주지스님이 돌아왔다. 하지만 동자승은 온종일 굶을 필요도 없었고, 절에서 쫓겨날 일도 없었다.

도대체 그는 어떤 선택을 하였던 것일까.

동자승은 한참 고민하다가 스님이 그려 놓은 원을 빗자루로 깨끗이 지워버렸다. 원이 사라졌으니 원 안에 머무는 것도, 원을 벗어난 것도 아니게 된 것이다. 동자승은 원을 없애고 자유로울 수 있었다.

세상을 살아가며 우리는 마음에다 부질없이 올가미를 채워 구속되어 산다. 또한 스스로 그려놓은 원으로 이러지도 저러지도 못하곤 한다.

동자승처럼 그 원들을 빗자루로 쓸어버리고 금세 자유로워지면 좋겠지만 사람의 마음이 어디 그리 쉬 다스려지는 우주인가. 그럼에도 나는 잠시지만 체험관에서 삶도, 사랑도, 가족도, 일도 나를 옭아매는 모든 걸 내려놓은 채 '태초의 나'를 찾아 즐겼다. 도시를 도망치듯 빠져나와 시골 어머니께 와 있어도 도시가 계속 집적거려 마음이 불편해질 때가 있었다. 그런데 이곳에서는 어찌 어머니조차 생각이 안 날까.

무엇보다 차 체험관이 내게 매력적으로 다가온 까닭은, 이곳에서 하룻밤 묵어갈 수 있기 때문이다. 고요하고 깊은 산중의 전통가옥 방에서 하룻밤 잔다는 것은 생각만 해도 가슴 설레는 일이다. 바람이 일으키는 흥분으로 아무래도 쉬 잠들지 못할 것이다. 속세의 불빛과 소음이 완전히 차단된, 어둠 덮인 숲속 시간이 아까워 어찌 눈을 붙일까. 술을 마신들 취하기나 할까. 사랑하는 여인이 그립기나 할까. 이곳에서 바라보는 별은 작히나 맑을까. 여름이면 여름대로, 겨울이면 겨울대로 숲이 들려주는 청명(淸明)한 소리를 그대로 옮기기만 해도 아름다운 수필이 될 듯하다. 여기서 머문다면, 세속에서 나를 괴롭히는 것들을 향해 밤새 이별의 편지도 쓰고 싶다. 또 험한 출판 시장에서 지금껏 견뎌온 나를 향해서도 애틋한 편지 한 통 쓸 것이다.

체험관에서 아침 눈을 뜨면 다시 선암사로 올라갈 일이다. 체험관 옆에는 선암사로 오르는 또 다른 길이 있다. 경내에서 아침 산책을 하며, 조계산 무아의 경지로 이끌어준 신에게 경배할 것이다.

도시 사람들은 종종 자연의 품으로 들어가 영육을 부려놓을 줄 알아야 한다.

나는 출퇴근 없이 한 달 이상 사무실에서 지낼 때가 있다. 사무실이 있는 빌딩을 크게 벗어나지도 못한다. 그러다 한참 후에나 어두운 기운이 나를 사로잡고 있다는 것을 깨닫는다. 일어나자마자 일감을 챙기던 습관을 벗어나 인근 안양천으로 산책을 나간다. 거기에는 푸른 나무들이 줄지어 있고, 지천으로 깔린 꽃이 있고, 내(川)와 나무에는 새들이 오가고, 풀숲에서는 시끄럽도록 풀벌레가 울어댄다. 그제야 나는 벗어남의 여유를 찾으며, 사람은 자연을 멀리할수록 삭막해진다는 것을, 마음의 병을 얻게 된다는 것을 새삼 깨닫게 된다. 도심을 흐르는 안양천에만 가도 이럴 진데, 조계산 정기가 넘치도록 서린 선암사와 전통야생차체험관은 우리나라 최고의 마음치유 공간이 아닐 수 없다.

마침 일본여행 불매 운동이 벌어지는 중이다. 일본이나 그 밖의 외국이 아무리 아름다운들, 자신을 추스르며 고요히 치유 여행을 할 수 있는 곳이 지천인 우리나라만 하랴. 단 한 번도 외국여행을 못해봤지만 전혀 부러울 것 없는 이곳을 나는 종종 찾게 될 거 같다.

순천 개펄의 꽃, 농게

개펄은 신의 땅, 신의 흙이다. 개펄을 묵상하면 태고의 신비가 느껴진다. 하루 이틀 지켜본 개펄이 아니다. 우린 어릴 때부터 개펄에서 뒹굴며 자랐다. 도시에서 생활하다 고향 마을로 내려오면 항상 개펄 강둑길을 걷는다. 멀리서 반짝이는 섬들의 불빛이 아련해서 밤에도 강둑을 걷곤 한다. 건너갈 수 없는 섬들이 밤마다 밝히는 불빛들은 문득문득 누군가를 보고 싶게 한다. 그리워할 수 없는 사람을 그립게 하는 것이다.

개펄은 숨 쉬는 생명 그 자체이다. 고향 마을 앞 개펄 바다로 나가면 개펄의 숨소리가 느껴진다. 이 거대한 생명체가 제 몸을 내어주어 또 다른 허다한 생명체를 잉태하며 키워낸다. 개펄 위에서 노니는 짱뚱어나 농게를 보면 개펄은 평화의 거울임을 안다.

개펄은 이슬비만 내려도 생채기가 날 만큼 부드럽다. 소나기가 내리면 빗방울마다 구멍이 뚫린다. 개펄은 보면 볼수록 창조의 경외심을 일으키며 자연의 경이로움을 온몸으로 감각하게 된다. 신의 땅, 신의 흙이다.

순천 내 고향 마을 덕산 앞에는 개펄 강이 흐른다. 강의 오른쪽은 돼지산이라는 산이 있는데, 그 즈음에서 개펄 바다가 된다. 강 건너편에는 어릴 때부터 눈만 뜨면 보이던 천마산이 있다. 아침 해는 계절 따라 그 천마산을 왔다 갔다 하며 뜬다. 천마산이 있는 곳은 거차라는 바닷가 마을이다.

바다에서 시작한 개펄 강이 굽이굽이 거슬러 오르다 멈추는 끄트머리는 '수챗동'으로 불린다. 예전에는 서너 가구가 살았지만 지금은 모두 다른 곳으로 이사하였다. 수챗동에는 강물을 막는 수문이 설치되어 있다. 들판의 논물 등의 수채가 강으로 흘러드는 들머리여서 수챗동이라 불리게 되었지 싶다. 들판의 냇물과 개펄 바다의 밀물이 조우하는 곳이기도 하다. 수문을 닫으면 밀물은 그곳까지만 올라온다.

뒷수채라는 곳도 있다. 개펄 강은 중간쯤에서 두 갈래로 갈라진다. 수챗동으로 거슬러 오르는 강과 뒷수채로 거슬러 오르는 강, 그 뒷수채에도 수문이 설치되어 있다. 돼지산에서 수챗동까지는 2.5~3km 남짓 될까. 썰물 때의 개펄 바다에는 구불구불한 물길이 드러난다. 하지만 그런 곳을 강이라 부르지 않는다. 마을 앞 개펄 강은, 강 건너편이나 이쪽 모두 바윗덩이로 강둑을 견고하게 쌓았다. 더구나 마을 앞 강둑길은 차량이 다닐 만큼 넓은 길로 포장이 되어 있다. 건너편 강둑은 현재 사람 발길이 거의 없다. 순천에서는 개펄 강이 흐르는 유일한 곳이다.

수챗동 주변을 빼면 이곳 개펄에는 함초(퉁퉁마디)나 나문재, 또는 갈대가 없다. 개펄이 알몸을 드러낸 채 펼쳐진 것이다. 수챗동에서 강 아래로 내려오는 어느 정도까지는 갈대숲이다. 이곳은 갈대숲 속으로 강이 흐른다. 수챗동의 갈대숲이 끝나는 지점부터 강 중간까지는 '농게거리'이다. '농게거리'는 내가 붙인 이름이다. 농게거리가 끝나면 짱뚱어거리다.

요즘 아침, 강으로 나가면 개펄에는 농게가 쫙 깔려 있다. 한 말의 콩을 방바닥에다 쏟아부은 것처럼 농게가 널려 있는 것이다. 농게 밭이다. 칠게도 있지만 칠게는 개펄 밖으로 잘 안 나온다. 칠게에는 농게 같은 집게발이 없다. 생김새도 뭉툭한 농게와는 달리 다소 납작하다. 농게의 집게발 몸통은 붉은색이고, 두 집게는 하얗다. 집게발이 꽃처럼 예뻐서 우린 꽃기(꽃게)라 불렀다. 다 자란 성게는 어른 엄지손가락보다 좀 더 굵고 크다. 농게는 집게발을 한 번씩 하늘을 향해 지켜 올리며 위용을 자랑하다. 위용을 자랑할 만한 위세가 보인다. 집게발을 접고 있을 때는 자신의 몸이 집게발로 가려진다.

새끼손톱만 한 농게 새끼들도 붉은 집게가 달려 있어 앙증맞기가 눈물샘을 자극한다. 붉은 집게발들만 우르르 몰려다닌다. 짙은 잿빛 개펄이 작은 생물체의 집게발을 더욱 붉게 한다. 개펄이 보여주는 또 다른 신비다. 암컷은 집게발이 없으니 눈에 잘

안 띈다. 개펄이 보호색을 입혀 보호하는 것이다. 발걸음 소리에 놀랐는지 농게들이 구멍을 찾아 도망가듯 빠르게 움직인다. 부드러운 개펄 위에서 농게 새끼들이 일제히 움직이면 내 살갗을 기어다닌 듯 간지럽다. 농게는 개펄의 꽃이다. 같은 개펄이라도 농게 서식지는 짱뚱어와 다소 다르다. 개펄강 위쪽으로 농게가 몰려 있는 이유는 바다 쪽 개펄보다 다소 물기가 적기 때문이다. 농게들이 널브러진 이 장관을 순천만 해변 어디에서나 볼 수 있는 것은 아니다.

농게가 두 눈을 안테나처럼 세우고 있는 것을 보면 마치 외계에서 내려온 비행 물체처럼 보인다. 두 눈을 곧추세운 채 농게는 두 앞발로 쉼 없이 개펄을 떠먹는다. 게걸스럽게 먹는다는 표현이 맞을 듯싶다. 사람이 양손으로 번갈아 가며 음식을 퍼먹는 자세와 흡사하다.

개펄도, 농게도 내 고향 마을의 축복이라는 걸 요즘에야 느낀다. 이곳 개펄 강 주변이 비교적 습지처럼 잘 보존된 까닭은, 내 어릴 때와는 달리 갯것을 잡는 사람들이 거의 없기 때문이다. 물론 어릴 때 흔히 보던 맛조개며 고둥, 썹써구라 불리던 아기반투명조개 등의 갯것이 지금은 몹시 귀해졌다. 작년만 해도 손으로 쓸어 담을 만큼 깔려 있던 고둥이 올해는 전혀 안 보여 가슴이 덜컹하였다. 올여름 유난스럽던 날씨 때문이기를 바랄 뿐이다.

농게들이 하염없이 뚫어둔 구멍이 개펄의 숨 구멍 같다. 저들이 살아가는 집일지라도 농게들이 뚫어놓은 구멍을 통해 개펄은 때마다 새롭게 밀려오는 바닷물을 깊이 들이마시며 좀 더 고른 호흡을 할 것이다. 이 작은 구멍들은 자연의 미학과 생존의 신비를 담고 있다.

어쩌면 농게들이 개펄을 지키는 마지막 생명체가 되는 것은 아닐까 싶어 개펄이 때로는 슬퍼 보인다. 마을 앞 개펄이 습지보호구역으로 지정되었으면 하는 바람이 큰 이유다.

*순천시 별량면 두고 덕산

이승훈

- 해드림출판사/도서출판 수필in 대표
- 실용서 『자비출판, 반항해야 성공한다』, 『국어사전에 숨은 예쁜 낱말』
- 산문집 『도토리의 꿈』, 『어머니, 당신이 있어 살았습니다』
- 다이어리 시집 『우리는 누구에게 절박한 무엇이 된다』 외 다수
- 순천문학회원

템플스테이

이정희

초록의 융단 위에 내려앉은 부처님의 법음이 세상을 밝힌다. 야생의 울음소리가 내 마음을 푸르게 물들였다. 수행자를 닮은 계곡은 물고기와 새, 수많은 생명들을 품었다. 물도 점잖게 흐른다. 녹음이 우거진 수풀이 너울너울 춤추는 잎새 따라 최면에 걸린 듯 뒤따랐다.

4박 5일의 단기 출가 체험하러 송광사로 출발했다. 미리 설레고 행복했다. 도착 후 편한 단체복으로 갈아입었다. 대형 강당에는 단기 수행자들로 가득했다. 체험자들이 많다 보니 분단을 나누어 조별로 멘토 스님이 내정되었다. 멘토 스님들은 상주하시며 단기 출가자와 늘 함께 하신다. 잠들기 전까지는 묵언수행이다. 새벽 3시 30분에 기상하여 준비하고 4시에 새벽 예불을 드린다. 아침 공양은 7시다. 수행하시는 스님들과 똑같은 일정을 보낸다. 멘토 스님의 간단한 지침과 안내가 끝나고 점심시간이 되었다. 재미있고 특별한 체험이다. 송광사 낙원에서만 누릴 수 있다는 행복도 잠시, 들떠있던 마음은 오래 가지 못했다. 분단별로 맡아 지도하시는 멘토 스님의 추상같은 가르침은 이제 막 입문한 애송이들에게도 예외가 없다. 바루 공양 전에 지켜야 할 규칙들이 떨어졌다. 분단별로 줄지어 앉은 자리에서 먹고 마른 설거지까지 끝내는 것이다. 바루 공양은 단순히 요기를 하는 수단이 아니다. 수행이다. 내 바루의 밥과 반찬은 깨끗이 비워야 한다. 음식을 남겨서 버리는 행위는 불가에서 용납되지 않는다. 내 허기를 채우기 위해 수많은 사람들의 노력과 땀이 들어가기 때문이다. 나는 집에서나 식당에서 음식을 남기고 아무 생각 없이 버리는 게 일상이었다. 그럼에도 나는 어느 누구에게도 미안하지 않았다. 새삼 지난날을 되돌아보는 수행이다. 당번이 밥과 반찬을 들고 내 앞에 오면 내가 먹을 만큼의 밥과 나물을 덜어 소리 내지 않고 먹는다. 반찬은 모두 푸성귀로 서너 가지다. 송광사에서 직접 담근 고추장, 된장, 간장으로 만든 음식은 사찰에서만 맛볼 수 있는 최고의 만찬이었다. 조계산의 정기를 듬뿍 머금은 깊은 맛의 장들과 향그러운 채소는 마치 자연으로 몸을 씻어내는 것 같았다. 식사가 끝나기 전에 단무지 1개를 반드시 남긴다. 그 단무지로 잔여물을 깨끗이 닦아서 먹고 물로 헹구어 마셔야 한다. 바루 헹군 물을 다 마실 수 없으면 각 조의 당번이 양동이를 들고 다니며 마시고 남은 물을 받는다. 모아진 말간 물에 고춧가루가 한 톨만 나와도 해당 분단원이 똑같이 나누어 마셔야 한다. 내 물을 내가 다 마시지 못하면 남이 내 물을 마시는 것이다. 하나 비빔밥을 먹고 난 후 그릇에 물을 부어 흔들어 마시는 것은 비위가 약한 나로서는 상상도 못할 일이다. 그렇지만 빈 그릇을 씻어서 마셔야 한다는 것은 죽을 만큼 싫었다. 식사가 마무리 되어가자 내 마음은 현실로 돌아오기 시작했다. 선뜻 출가 체험하겠다고 들떠있던 내 자신이 원망스러웠다.

식사가 끝나자 우려했던 일이 벌어졌다. 옆 분단에서 사고가 터진 것이다. 탁한 물에서 고춧가루가 나왔다. 스님께서는 분단 사람들이 모두 한 모금씩 나누어 마시거나, 아니면 누군가 대표해서 한 사람이 희생을 하라고 하신다. 그리고 지금 이 순간 참기 어려우면 집에 가도 좋다고 하셨다. 순간 동굴처럼 조용해졌다. 우리 분단이 아니어서 천만다행이라는 생각이 들면서도 적잖이 충격을 받았다. 스님께서 당부하셨던 말씀은 우리와 정한 약속이었다. 모두가 숨죽여 있을 때 중년 신사가 자신이 마시겠다며 손을 들었다. 그분이야말로 부처님이다. 한바탕 소란은 속세의 부처님의 등장으로 평정이 되었다. 내 것 마시기도 힘들어서 꾸역꾸역 억지로 마셨는데 남의 것을 마시라니, 나는 죽었다 깨어나도 속세의 부처님 흉내도 못 낼 일이다. 모든 바루가 깨끗해졌다. 제대로 수행이 시작된 것이다. 바루 공양은 스님들의 행동을 흉내 내는 것이 아니다. 스님들이 하시는 그대로 우리 역시 같은 수행을 했다.

저녁 예불은 5시다. 훤칠한 키에 용모가 빼어난 젊은 스님 다섯 분이 종고루에 오른다. 종고루에는 불전 사물이라 하여 종, 북, 목어, 운판을 친다. 그중에 으뜸은 스님들의 북 치는 모습이다. 멘토 스님께서도 이 시간만큼은 자유를 주신다. 고요를 깨우며 웅장하고 장엄하게 북을 치는 스님의 모습은 마치 신들린 것 같았다. 송광사 경내에 울리는 천둥 같은 북소리가 가히 압도적이었다. 모두가 넋을 잃고 빠져드는 귀중한 볼거리다. 내 옆에서 망부석처럼 굳어있던 동기가 한 마디 했다.

'이렇게 잘생긴 젊은 남자들이 모두 송광사에 계시니 우리가 시집을 못 가요.' 아직 미혼이라는 서른 중반 처자의 푸념에 크게 웃었다.

3일째 날이다. 각 조의 멘토이신 스님들께서 각각 조별로 둘러앉아 의견을 주고받는 멘토링이 주어졌다. 유일하게 묵언수행이 해제된 시간이다. 해주는 밥 먹고 가족들에게 신경 쓰지 않아서 너무 편하고 좋다는 사람들도 있었다. 물론 주부들이다. 체험에 관해서는 유익하고 훌륭하다는 의견이 가장 많았다. 나 역시 동의했다. 처음엔 적응이 힘들었지만 차츰차츰 엄격한 규율에 스며들었다.

어느 때는 느리게 어느 때는 빠르게 들쑥날쑥했던 마음도 막바지다. 저녁 공양이 끝나고 연비식이 있다. 그런데 아뿔싸, 연비식에 이어 절을 하면서 철야정진을 한단다. 큰일이다. 내가 겁냈던 연비식은 가소로울 정도다. 연비식이란, 행자스님에서 정식 스님이 되는 통과의례다. 향에 불을 붙여 팔목에 올리고 향이 소진될 때까지 인내하고 견디는 것이다. 그래서 지레 겁먹고 조바심을 냈다. 그런데 체험자들에게는 향에 불을 붙여 약식으로 팔목에 살짝 찍어주는 의식으로 끝냈다. 그렇게 연비식은 수월하게 끝났다. 문제는 눈도 못 붙이고 절을 하며 꼬박 밤을 새는 철야정진이다. 나는 곰처럼 잠이 많기에 잠을 전혀 잘 수 없다는 것이 아찔하고 끔찍했다. 또 몸이 고달픈 것에 유독 약한 나는 운동도 싫어해서 숨쉬기 운동만 한다. 이 수행만큼은 하늘이 무너지는 줄 알았다. 하지만 곤죽이 되어 실신하는 사태가 발생하더라도 낙오자는 될 수 없었다. 부처님의 가람에서 몸과 마음이 멀리 가지 못하도록 다짐하고 또 다짐했다.

처음 시작은 멘토 스님의 죽비에 맞추어 절을 한다. 죽비 치는 스님께서도 함께 절을 하신다. 얼마나 시간이 흘렀을까. 눈물이 흐른다. 처음엔 나로 인해 고생하시는 스님을 보니 눈물이 났다. 나중에는 왜 눈물이 흐르는지 나도 몰랐다. 영문도 모르는 눈물이 났기 때문에 창피하기도 했다. 주변 사람들에게 눈물을 들키지 않으려고 애써 울음을 삼켰다. 그러다 꾹꾹 눌러온 눈물이 쏟아졌다. 금세 사방에서 눈물이 주룩주룩 흐르는 소리가 들렸다.

강당은 울음바다가 되었다. 나는 눈물 닦는 것도 잊은 채 지극한 마음으로 절을 했다. 모두가 그랬다. 소망하는 것도 없었다. 간절함도 잊은 채 절만했다. 내가 절을 하는 건지, 절이 내가 된 건지 분별하는 마음도 없었다. 죽비소리만이 천지를 진동했다. 그렇게 아침이 열리는 것도 모르고 힘듦도 잊은 채 나는 로봇처럼 움직이고 있었다. 내 얼굴은 눈물로 범벅이 되었고 바닥은 물기로 낭자했다. 어느샌가 스님의 죽비소리가 멈추었다. 비로소 고개 들어보니 부처님의 광명인가, 대강당에까지 환하게 빛이 비추었다. 진흙에서 연꽃 피듯 모두의 얼굴이 말갛다. 이 자리가 극락인 것을, 마음이 가득 차서 행복했다. 스님들께서는 한동안 우리에게 자리를 정리하라 재촉하지 않으셨다. 마음을 추스를 때까지 배려를 해주셨다. 충분한 시간이 지나고 나서야 스님께서 진행을 하셨다. "4박 5일 동안 정말 고생 많이 하셨습니다. 여러분들이 흘린 눈물은 업장소멸입니다. 그러니 이 마음 놓치지 말고 끝까지 붙들고 가십시오." 하셨다. 이젠 투정 부리지 않고 잘할 수 있는데 집에 가라 하신다. 인사 말씀에 어어 덧붙여 말씀하시길, "정녕 중이 되고 싶거든 가족들과 충분히 얘기하고 허락받은 뒤에 다시 오십시오."라고 당부하셨다. 출가 체험하다 눌러 앉아 출가하겠다는 사람들이 속속 있었단다. 나는 함께 고생해주신 멘토 스님께 지극 정성으로 삼배 올리고 성불하시길 축원하고 물러났다.

모두가 환희로 생기가 넘쳤다. 나는 전율이 흘렀다. 내가 무엇을 했는지도 모를 만큼 머릿속이 깨끗해져 푸른 하늘처럼 맑았다. 원체 팔이 좋지 않았기에 철야정진을 겪고 마비될 줄 알았던 팔다리를 나중에야 챙겨보니 멀쩡했다. 신비롭고 영묘한 체험이었다. 지금도 풀리지 않는 미스터리다.

매일 일정이 끝난 저녁이면 보고하듯 내 힘듦과 고달픔을 만만한 남편에게 하소연했다. 수료식이 끝나고 송광사를 나오자 남편이 나를 반겼다. "반은 죽어서 업고 갈 줄 알았는데 지친 기색 없이 멀쩡하네." 남편이 나에게 건넨 첫마디였다. "당신 각시 무거운데 업고 가다 우리 신랑 죽을까 봐 기운 냈지." 농담을 주고받으니 점심시간이 되어서 집에 도착했다. 평소에 고기를 좋아하고 잠이 많은 나였기에 근심이 크셨는지 친정 엄마도 멀리서 오셨다. 집에 오니 커다란 교자상에 음식이 가득했다. 나는 상차림에 놀랐고, 엄마는 나의 건재함에 놀라셨다. "너 어떻게 멀쩡하냐. 반은 죽어서 들어올 줄 알았는데 쌩쌩하네. 아픈 팔은 괜찮냐?" 엄마도 나에게 하신 첫 말씀이다. 정말 신기하게도 전혀 피곤하지 않았다. 오히려 정신이 더 맑아졌다. 감동과 환희가 있는 귀하고 보물 같은 체험이었다.

역경을 이겨내니 온 세상이 평화롭고 아름답다. 우스갯소리로 나는 해탈한 것 같았다. 어느 것에도 집착 따윈 없었다. 무릉도원이 이만할까. 나는 송광사 방장스님께 "무위자"라는 불명을 받는 영광까지 누렸다.

"행복도 내 마음 안에 있고 불행도 내 마음 안에 있다."는 부처님의 가르침은 내 등짝을 때리고 비로소 천불 소리 마음에 들어와 앉았다.

이정희

- 순천문학동우회 회원
- 전남문인협회 회원
- (재)예명문화원 예절. 다도 사범

고향 하늘

정영철

내게는 고향 하늘이 두 개가 있다.

고흥 과역 하늘!

순천의 하늘!

소금 냄새가 코끝을 간질거리는 바다가 멀지 않는 곳, 1945년 해방과 더불어 이북에서 부모 따라서 와서 보낸 어린 시절 내 고향 팔형산 8봉이 멀리 보이는 과역 하늘!

삼 산이 온 시내를 감싸 안고 이수가 굽이 돌아 흐르는 내 학창 시절의 꿈이 무르익던 순천의 하늘!

나는 지금 온통 잿빛뿐인 이곳 서울의 하늘에서 두 곳의 고향 하늘을 생각한다.

그때나 지금이나 하늘은 같은 하늘이건만 마음속에 교차하는 내 하늘은 왜 이리도 다른가?

유년 시절의 과역 하늘은 여름밤이면 와상(臥牀)에 누워 하늘을 보며 별을 세는 우리에게 모닥불을 피워 모기를 쫓으며 할머니가 들려주시던 달님, 별님 이야기!

우리가 착한 일을 하면 토끼가 방아를 찧어서 우리가 곤히 잠잘 때 쌀과 보리를 두고 가신다는 것이다.

서쪽 하늘을 가로지른 은하수는 달님이 농사지어 놓은 흰쌀과 보석들이란다.

하늘에는 정말로 쌀이 많았다.

"이왕 주실 거면 쌀을 듬뿍 주시지 보리쌀과 잡곡들만 주신대……"

와상에 누워 하늘을 보며.

"달님! 착한 사람 되겠습니다. 공부도 열심히 하겠습니다. 아부지 엄니 말도 잘 듣겠습니다. 동생들하고도 잘 놀겠습니다. 쌀을 많이 좀 주세요. 쌀밥이 먹고 싶습니다."

달님에게 빌다 잠이 들고는 했다.

청소년 시절!

순천의 하늘은 중고등학생이 된 나에게 절망과 좌절, 그리고 오기를 발동하게 만든 하늘이었다.

우리 집 유일한 생활 수단으로 어머니께서는 하숙을 치셨다. 넉넉지 못한 가정 형편.

'가난'이라는 이름은 나를 늘 배고프게 했다. 씻어 놓은 배춧잎을 '절겅절겅' 씹어 먹었고 짠 김치를 한입 가득 입안에 넣고

서 간장을 푼 샘물을 '벌컥벌컥' 배가 터져라 마셨던 기억!

사친회비를 내지 못해 중간고사를 포기해야 했던 그날!

어디에도 호소할 곳 없는 나 자신을 향한 억울함과 치솟는 울분(鬱憤), 아니 아버지 어머니를 향한 원망으로 가슴을 저리게 했고 공평치 못한 세상은 나를 외롭고 슬프게 했다.

죽두봉에 올라 목이 터져라 악을 써 보지만 메아리만 내 귓전을 스치고 어디론가 사라졌다. 밤하늘에 대고 소리쳤다.

"하늘이시여! 달님 별님이시여! 왜 나에게 이런 엄청난 시련을 주십니까? 나를 시험하지 마시옵소서!"

그 자리에 주저앉아 엉엉 울다 배고픔과 서러움에 쓰러져 잠이 들고는 했다.

'죽기 아니면 까무러치기다. 어디 누가 이기나 해보자'

하늘을 향해, 그 많은 별을 향해 두 주먹을 불끈 쥐어 보이던 그 시절!

셀 수 없이 많은 별이 내 편이 되어주기도 했던 순천의 고향 하늘!

교장 선생님께서는 밴드부를 활성화한 공로를 칭찬하시며 마지막 사친회비를 내지 못한 나에게 졸업을 허락하셨고 더불어 특별 공로상까지 주셨는데, 대학 진학을 포기한 나에게 1년 동안 학교 밴드부를 맡아 달라는 제안까지 받았다.

졸업식 날 마지막 인사를 드리는 교실에서 담임 선생님은 나를 부르더니 미납된 사친회비를 납부한 후 졸업장을 찾아가라신다. 왜 어린 나에게 그런 말씀을 하셨는지 지금도 나는 그 이유를 모른다. 아마 공부는 뒷전하고 학교 밴드에 힘을 쏟는 내가 마음에 들지 않으셨을 것이다.

그런데 왜 그 담임 선생님이 보고 싶은가?

살아는 계실까? 어쩜 돌아가셨는지도 모르겠다. 뵙고 싶다.

별이 빛나는 고향 하늘을 올려다보며 선생님 앞에 술잔을 올리고 싶다.

그날도 나는 죽두봉에 올라 달님에게 하소연 하였다.

“나를 지켜봐 주십시오. 나에게 힘을 주십시오.”

볼을 타고 흐르는 눈물은 오기가 되어 가슴 깊이 파고들었었다.

언제나 생생히 머릿속에 남아있는 고향의 추억!

책과 노트를 사고 사친회비 마련을 위해 여름밤이면 시내에서 방학 때는 순천 웃장, 아랫장을 돌며.

“시원한 아이스케끼”

하며 외치던 나, 칼바람 부는 겨울에도 외쳤다.

“당고나 찹쌀떡”

여학생이 많은 저전동, 장천동 골목을 누비며 학비를 마련했던 시절이 지금은 ‘그래도 그때가 행복했었다’라는 추억으로 아련히 떠오르는가!

이성을 느끼는 고등학교 시절, 나는 친구 여동생이 좋았다. 친구 집에 공부하러 간다는 것을 핑계로…… 수줍은 듯 말이 없던 그 소녀에게 '좋아한다. 사랑한다'라고 당당하게 사랑 고백 한 번도 못 하고 둘이서 눈만 마주치다 종내 군에 입대한 나, 떨쳐버리지 못한 마음속 미련이었을까?

수줍음 가득하던 그 소녀는 지금 2억 만 리 먼 곳에서 살고 있단다. 소녀 어머님은 가난뿐인 나와 헤어지지 못하고 맺어지는 것을 너무나도 염려해서였을까?

그래도 자기 자식인데 너무 모질고 앞뒤를 헤아리지 못한 게 현명하지 못한 선택이었다고 내 마음속에서 변명 같은 미안한 마음으로 나 자신을 위로하고 있다.

내가 부모라면 자식을 그렇게 모질게 그 먼 외국까지는 내치지는 않았을 거라며 나로 인해 한 사람의 운명이 결정되어버린 것이 미안하고 죄스러운 마음을 지금껏 버리지 못하고 변명처럼 독백해 본다.

내가 죽기 전에 그녀를 한 번이라도 만나 볼 수 있을까?

좋아했다, 사랑했다고 지금 새삼스럽게 말할 수는 없어도 따스했던 그녀의 손을 한 번만이라도 잡아볼 수 있을까? 생각만으로도 가슴이 뛴다. 내게는 첫사랑이었으니까. 아니 짝사랑이었다는 말이 어울릴 것 같다.

이것이 순천의 하늘 아래서 내게 잊을 수 없는 첫사랑을 마음속에 문신처럼 새겨진 가녀린 옛 추억이다.

냇가에서 미역감던 옛날 친구들, 어항에 된장을 붙여 물고기를 잡아 매운탕을 끓여 먹던 캠핑(Camping) 친구들, 지금은 어디서 무엇을 하며 고향 생각을 할까?

그때 유난히 얼굴이 동그랗고 하얀 쎄라복 여학생도 있었다. 서로 마주 보며 철없이 웃고 떠들던 천진스럽던 인성(人性)!

행사를 마치고 중국집 〈반상관〉에서 밴드부원들과 자장면을 먹으며 행복해하던 기억들!

내게 고향은 잊히지 않은 첫사랑 같은 것이다.

속세에 물들지 않았던 동심이 새삼 그리워지는 것은 암과의 힘든 투병 생활에 생의 마지막을 준비하라는 하늘의 뜻일까?

긴 병에 효자 없다고 나도 나 자신에게 지쳐가는 나 같지 않은 나의 모습일까?

세상이 변했고 산천초목도 모두 옛것이 아니지만 왜 내겐 그 옛날 뛰어놀던 그 시절의 추억들이 60년 전에서만 머무는 것일까?

가고픈 고향!

그 수많은 별이 지금도 나를 반겨줄까?

이것이 정녕 망향의 슬픔인가?

고향

노천명

언제든지 가리 / 마지막엔 돌아가리 / 목화꽃이 고운 내 고향으로 / 조밥이 맛있는 내 고향으로

-중략-

어제든 가리 / 나중엔 고향 살다 죽으리 / 모밀꽃이 하얗게 피는 곳 / 꿈에만 보는 낯익은 동리.

고향은 우리 영혼의 한 부분이다.

병상에서 탈출해 고향에 가고 싶다. 내게 배고픔과 좌절을 안겨 주었던 그 고향!

그 하늘!

나는 오늘 밤도 이렇게 병상에 누워 창을 통해 보이는 잿빛 하늘을 본다. 서울 하늘에서 그리운 고향 하늘을 생각하며 잠을 청한다.

꿈속에서 내 고향 하늘을 보리라.

그 하늘 아래서 옛 친구들을 만나야지.

〈호마(胡馬)는 북풍에 울부짖고 월조(越鳥)는 남쪽 가지에 집을 짓는다〉는 말이 생각난다.

사실인지는 모르지만 사람이 죽을 때는 고향 쪽으로 머리를 두고 죽는다고 한다. 자기가 태어났던 고향을 그리워함은 인간이면 누구나 갖는 상정(常情, Human Nature)이 아닌가 하는 생각이 든다.

정영철

- 순천중(15회), 순천고(8회) 졸업
- 단국대학교 경영대학원 경영학 전공
- 육군사관학교 군악대(KMA)
- 미육군 한국근무단 인사처 채용관
  인사담당관(US Army Korean Service Corps)1966~2006년 근무
- 순천문학회 회원
- 장편소설 『뗏목(2012)』『싹심이(2022)』, 에세이집 『말할 걸 그랬지(2018)』